U0826367

高职高专"十二五"经济管理系列规划教材

外贸单证操作实训

张　颖　王少娥　主　编
刘　勇　王海娟　副主编
刘雅丽　陈金良　主　审

電子工業出版社
Publishing House of Electronics Industry
北京 · BEIJING

未经许可，不得以任何方式复制或抄袭本书之部分或全部内容。
版权所有，侵权必究。

图书在版编目（CIP）数据

外贸单证操作实训 / 张颖，王少娥主编. —北京：电子工业出版社，2016.1
高职高专“十二五”经济管理系列规划教材
ISBN 978-7-121-27365-0

Ⅰ. ①外… Ⅱ. ①张… ②王… Ⅲ. ①进出口贸易－原始凭证－高等职业教育－教材 Ⅳ. ①F740.44

中国版本图书馆 CIP 数据核字(2015)第 239486 号

策划编辑：袁桂春
责任编辑：王莞朕
印　　刷：三河市鑫金马印装有限公司
装　　订：三河市鑫金马印装有限公司
出版发行：电子工业出版社
　　　　　北京市海淀区万寿路 173 信箱　邮编 100036
开　　本：787×980　1/16　印张：13.25　字数：276 千字
版　　次：2016 年 1 月第 1 版
印　　次：2016 年 1 月第 1 次印刷
定　　价：32.00 元

凡所购买电子工业出版社图书有缺损问题，请向购买书店调换。若书店售缺，请与本社发行部联系，联系及邮购电话：（010）88254888。
质量投诉请发邮件至 zlts@phei.com.cn，盗版侵权举报请发邮件至 dbqq@phei.com.cn。
服务热线：（010）88258888。

前　言

外贸单证处理是从事外贸相关工作必备的基本技能之一。本教材的目的在于帮助学生熟练掌握各种外贸单证的缮制方法，强化学生的单证处理能力，使学生适应单证员职业岗位需求。本教材包括国际贸易各环节涉及的典型单证，从交易磋商与合同签订、结算单证、出口商务单证、运输与保险单证到报关、报检等官方单证，分类清晰、内容全面，并配备典型的操作实训项目练习，知识系统、结构清晰、可操作性较强。本教材既适合国际贸易相关专业学生使用，也可作为学生参加相关考试的考前强化练习材料，还可作为对外贸易单证员及相关工作人员的参考资料。

在使用本教材前，学生应对各种单证在国际贸易中的流转、作用、基本内容、缮制的一般要求有过系统的学习，这样本教材才能更好地考查学生的知识掌握情况，并使学生的单证操作技能得到强化。同时，本教材也能够作为实训指导教师的教学助手，减轻教师的实训负担，实现教中学、学中做，有助于丰富教学内容，提高学生学习兴趣和实训教学质量。

本教材由张颖、王少娥担任主编，刘勇、王海娟担任副主编。教材编写分工如下：项目 1 由高田娟编写，项目 2 由和娅编写，项目 3 由王少娥编写，项目 4 由刘勇编写，项目 5 由张颖编写，项目 6 由王海娟编写。另外，河北交通职业技术学院刘雅丽教授和石家庄内陆港股份有限公司副总经理陈金良担任主审，并提出很多宝贵意见，在此表示感谢。

由于编者能力有限，教材中还有一些不完善之处，在今后的教学过程中会不断改进，及时修订。本教材在编写过程中，也得到了河北报关协会、河北出入境检验检疫协会、内陆港股份有限公司等行业专家、业内人士的大力支持，在此深表感谢。

编者

目　录

项目 1

交易磋商与合同签订

学习目标

知识目标

- 了解交易磋商的形式、内容和程序。
- 了解报价核算方法。
- 掌握国际贸易合同的撰写。

能力目标

<table>
<tr><th colspan="2">工作任务</th><th>能力目标</th></tr>
<tr><td rowspan="4">交易磋商</td><td>交易磋商的形式</td><td>了解交易磋商的形式</td></tr>
<tr><td>交易磋商的内容</td><td>了解交易磋商的主要内容</td></tr>
<tr><td>交易磋商的程序</td><td>1．了解询盘中应注意的问题
2．掌握发盘应具备的条件
3．正确撰写发盘
4．熟悉还盘的表达方法
5．熟悉接受应具备的条件</td></tr>
<tr><td>报价核算</td><td>1．掌握 FOB、CFR、CIF 三种贸易术语的价格核算方法
2．正确核算佣金与折扣</td></tr>
<tr><td colspan="2">国际贸易合同的签订</td><td>1．掌握合同的主要条款
2．正确撰写销售合同</td></tr>
</table>

任务 1　交易磋商

交易磋商是达成交易的重要环节，是订立合同的基础。交易磋商的目的是达成合同，磋商的内容是合同的条款。国际贸易磋商是一项交易的开始，是进出口业务的重要环节。进出口商在做好进出口交易前的各项准备、与客户建立业务关系之后，可以着手与贸易对手（客户）进行交易磋商。

所谓交易磋商，是指交易双方当事人就贸易合同的各项条件进行协商，以期达成一致意见的过程。它是签订合同不可缺少的前期基础性工作，而签订合同则是交易磋商的主要目的和圆满结果。

国际贸易中，交易磋商的好坏直接关系到将来买卖双方之间的权利、义务和经济利益，是买卖合同签订的基础和做好交易的关键所在。因此，磋商谈判人员不仅要有认真负责的工作态度，熟悉、掌握国际贸易合同条款内容、签订方法，而且还要熟悉、掌握交易磋商谈判的策略技巧，熟悉、掌握国际贸易方面的政策、法规和惯例。

1.1.1　交易磋商的形式

交易磋商在形式上可分为口头和书面两种。

1．口头磋商

口头磋商主要指在谈判桌上面对面的谈判，如参加各种交易会、洽谈会，以及贸易小组出访、邀请客户洽谈交易等。此外，还包括双方通过国际长途电话进行的交易磋商。口头磋商方式是面对面的直接交流，便于了解对方的诚意和态度、采取相应的对策，并根据进展情况及时调整策略，达到预期的目的。口头磋商比较适合谈判内容复杂、涉及问题较多的业务，如大型成套设备交易谈判。

2．书面磋商

书面磋商是指通过信件、电报、电传等通信方式来洽谈交易。目前，多数企业使用传真进行洽谈，有的已开始使用电子邮件磋商交易。随着现代通信技术的发展，书面磋商越来越简便易行，费用低廉。国际贸易中，买卖双方通常采用书面方式磋商交易。

采用书面磋商方式时，写作往来商务函电一般需注意遵循以下三个原则。

（1）简明。商务函电讲求实效，无须许多客套或拐弯抹角的内容，而应以简单明了的语言直接说明要点。

（2）清晰。商务函电的目的是达成合同（交易），函件内容必须清晰、正确。

（3）礼貌。我们的目的是与客户建立长远的业务联系，采用正式而礼貌的用语是必要的，尤其是在向对方索赔或申诉时。如何掌握好分寸，既能着眼今后的业务合作，又能达到目的，是一门很大的学问。

1.1.2 交易磋商的内容

交易磋商的内容涉及拟签订的买卖合同的各项条款，包括品名、品质、数量、包装、价格、装运、支付、保险及商品检验、索赔、仲裁和不可抗力等。其中以前七项（参见任务2）为主要内容或主要交易条件。买卖双方欲达成交易、订立合同，必须至少就这七项交易条件进行磋商并取得一致意见（特殊情况可以例外）。至于其他交易条件，特别是商品检验、索赔、仲裁和不可抗力，虽非成立合同不可缺少的内容，但是为了提高合同质量，防止和减少争议的发生，以及便于解决可能发生的争议，在交易磋商时也不容忽视。

1.1.3 交易磋商的程序

交易磋商的程序一般分为询盘、发盘、还盘、接受四个环节。其中，发盘和接受是达成交易的基本环节，是合同成立的要件。国际贸易中，买卖双方无论采取口头或书面方式磋商，均需通过发盘和接受达成交易。

1．询盘

（1）询盘（Enquiry）的概念。询盘指交易的一方有意购买或出售某一种商品，向对方询问买卖该商品的有关交易条件。实践上看，询盘可以只询问价格，也可询问其他一项或几项交易条件。询盘可由买方发出，也可由卖方发出；可采用口头方式；亦可采用书面方式。

以下是一个询盘的例子。

We are one of the leading importers of TV sets in the city and are willing to establish business relations with your corporation. For the time being, we are interested in your TV sets, details as per our Inquiry Note No. 5678 attached, and will be glad to receive your lowest quotation as soon as possible. We would like to say that if your price is attractive and delivery date acceptable, we will place a large order with you immediately.

（我方为本城最大的电视机进口商之一，欲与贵公司建立业务联系，目前对电视机感兴趣，详见随函附上的第5678号询价单，请尽速答复。如价格合理、装运期可以接受，我方会下大订单。）

（2）询盘的策略。询盘对询盘人和被询盘人均无法律约束力。国际贸易中，询盘常被交易一方用来试探对方对交易的诚意或试探国际市场价格。作为被询盘的一方，在收到对方的询盘后，必须认真对其进行分析，针对不同的询盘目的或背景，做出不同的处理和答复。

（3）询盘需注意的问题。询盘不是交易磋商的必经步骤，但往往是一笔交易的起点。询盘中，当事人一般需注意以下问题。

1）询盘不一定要有“询盘”（Enquiry）字样，凡含有询问、探询交易条件或价格方面的意思表示，均可做询盘处理。

2）业务中询盘虽无法律约束力，但当事人仍须考虑询盘的必要，尽量避免只是询价而不购买或不售货，以免失掉信誉。

3）询价时，询价人不应只考虑如何询问商品的价格，也应注意询问其他交易条件，争取获得比较全面的交易信息或条件。

4）要尊重对方，对于对方询价，无论是否出售或购买，均应及时处理与答复。

5）询盘可以同时向一个或几个交易对象发出，但不应在同时期集中做出；以免暴露我方销售或购买意图。

2．发盘

（1）发盘（Offer）的概念。发盘也称发价，法律上称为要约，是一方当事人（发盘人）向另一方当事人（受盘人）提出各项交易条件并愿意按这些条件与受盘人达成交易、订立合同的意思表示。实际业务中，发盘通常由交易一方在收到另一方的询盘后提出，也可在没有对方询盘的情况下直接主动提出。发盘可以由买方提出，也可以由卖方提出；可以是书面的，也可是口头的。

按照法律规定，一项发盘必须具备以下条件。

1）发盘应向一个或一个以上特定的人提出。

2）发盘内容必须十分确定。

3）发盘人须有一旦发盘被接受即受约束的意思。

（2）发盘的撰写。发盘因撰写情况或背景不同，在内容、要求上也有所不同。但从总体情况看，一般包括下列内容。

1）感谢对方来函，明确答复对方来函询问事项，如“Thank you for your inquiry for... ”

2）阐明交易的条件（品名、规格、数量、包装、价格、装运、支付、保险等），如“For the Butterfly Brand sewing machine, the best price is USD79.00 per set FOB Tianjin”。

3）声明发盘有效期或约束条件，如“In reply we would like to offer, subject to your reply reaching us before... ”

4）鼓励对方订货，如“We hope that you place a trial order with us.”

下面是一个发盘的例子。

We thank you for your inquiry of July 10th, asking us to make you a firm offer for black tea. We have sent a letter this morning, offering you 50 metric tons of black tea, at USD ××× net per metric ton CFR Shanghai for shipment during November / December subject to your order reaching here by JulY 30th.

（感谢 7 月 10 日的询价。今晨已经去函，报 50 公吨红茶每公吨×××美元 CFR 上海净价，装运期为 11 月和 12 月，以 7 月 30 日前复到为准。）

（3）发盘需注意的问题。

1）发盘约束力。发盘具有法律约束力，发盘人发出发盘后不能随意反悔，一旦受盘人接受发盘，发盘人就必须按发盘条件与对方达成交易并履行合同（发盘）义务。因此，同询盘相比，发盘更容易得到受盘人的重视，有利于双方迅速达成交易。但它也因此缺乏必要的灵活性。发盘时如果市场情况估计有误，发盘内容不当，发盘人就会陷入被动。发盘人在做出发盘前必须弄清上述问题，如果发盘，必须对发盘价格、条件进行认真的核算、分析，确保发盘内容准确，以免陷于被动。

2）发盘生效时间。规定发盘在“到达受盘人时生效”，这一规定对发盘人来讲具有非常重要的意义。这种意义主要表现在发盘的撤回和撤销上。

① 发盘的撤回。发盘的撤回是指发盘人在发出发盘之后，在其尚未到达受盘人之前，即在发盘尚未生效之前，将发盘收回，使其不发生效力。由于发盘没有生效，因此发盘原则上可以撤回。《国际货物销售合同公约》（以下简称公约）规定：“一项发盘，即使一项不可撤销的发盘都可以撤回，只要撤回的通知在发盘到达受盘人之前或与其同时到达受盘人。”业务中，如果我们发现发出的发盘有误，即可采取措施以更快的通信联络方式将发盘撤回（发盘尚未到达受盘人）。例如，以信函方式所做发盘，在信函到达之前，即可用电报或传真方式将其撤回。

② 发盘的撤销。发盘的撤销指发盘人在其发盘已经到达受盘人之后，即在发盘已经生效的情况下，将发盘取消，废除发盘的效力。在发盘撤销这个问题上，英美法国家和大陆法国家存在原则上的分歧。公约为协调解决两大法系在这一问题上的矛盾，一方面规定发盘可以撤销，另一方面对撤销发盘进行了限制。公约第16条第1款规定，在合同成立之前，发盘可以撤销，但撤销通知必须于受盘人做出接受之前送达受盘人；而公约第16条第2款则规定，下列两种情况下，发盘一旦生效，即不得撤销：第一，发盘中已经载明了接受的期限，或以其他方式表示它是不可撤销的；第二，受盘人有理由相信该发盘是不可撤销的，并已经本着对该项发盘的信赖行事。

公约的这些规定主要是为了维护受盘人的利益，保障交易的安全。我国是公约的缔约国，因此，我们必须对公约的上述规定予以特别的重视和了解。

3）发盘有效期。发盘有效期是发盘人受其发盘约束的期限。国际贸易中，发盘有效期有两种表现形式：明确规定有效期限、采用合理期限。前者不但很少发生争议，而且还可促进成交，使用较多，但不能撤销；后者容易产生争议，但在对方没有接受前可以撤销。采用何者，应视情况，不能一概而论。

明确规定有效期时，有效期的长短是一个重要问题。有效期太短，对方无暇考虑；有效期长，发盘人承受风险就大。适度把握有效期长短对交易双方都很重要。当事人必须根据货物、市场情况、双方距离及通信方式不同合理确定。一般来说，发盘有效期以3～5天和明确有效期的起止日期和到期地点最为适宜。如：

Reply here 5/7 our time

4）发盘终止。发盘终止指发盘失去效力。发盘终止有四种情况：因受盘人拒绝而失效；因发盘人撤销自己的发盘而失效；因规定的接受期限已满而失效；因“合理期限”已过而失效。

交易中，不论哪种原因导致发盘终止，此后发盘人均不再受其发盘的约束。

3．还盘

（1）还盘（Counter Offer）的概念。还盘指受盘人在接到发盘后，不同意或不完全同意发盘人在发盘中提出的条件，为进一步磋商交易对发盘提出修改意见。还盘可以用口头方式，也可用书面方式。

下面是一个还盘的例子。

We are in receipt of your letter of April 20 Offering us 100 sets of the captioned goods at USD ××× per set. While appreciating the quality of your computers, we find your price is too high. Some computers of similar quality from other countries have been sold here at a level about 30% lower than yours. Should you be ready to reduce your limit by, say 10%, we might come to terms. It is hoped that you would seriously take this matter into consideration and let us have your reply soon.

（已经收到你方4月20日来信，报100台标题货物每台×××美元。计算机质量不错，但是价格太高。其他国家的类似质量的产品有些低于你方价格的30%，如果可以降价，如10%，我们就可以成交。请尽速答复。）

（2）还盘的法律意义。还盘是对发盘的一种拒绝，还盘一经做出，原发盘即失去效力，发盘人不再受其约束。一项还盘等于受盘人向原发盘人提出的一项新的发盘。还盘做出后，还盘的一方与原发盘人在地位上发生改变。还盘人由原来的受盘人变成新发盘的发盘人，而原发盘人则变成了新发盘的受盘人。新受盘人有权针对还盘内容进行考虑，接受、拒绝或再还盘。

贸易谈判中，一方在发盘中提出的条件与对方能够接受的条件不完全吻合的情况经常发生，特别在大宗交易中，很少有一方一发盘即被对方无条件全部接受的情况。因此，虽然从法律上讲，还盘并非交易磋商的必经环节，但在实际业务中，还盘的情况还是很多的。有时一项交易须经过还盘、再还盘等多次讨价还价，才能做成。

（3）还盘需注意的问题。

1）还盘可以明确使用“还盘”（Counter Offer）字样，也可不使用，只是在内容中表示对发盘的修改。

2）还盘可以针对价格，也可以针对交易商品的品质、数量、装运、支付或价格。

3）还盘时，一般只针对原发盘提出不同意见和需要修改的部分，已同意的内容在发盘中可以省略。

4）接到还盘后要与原发盘进行核对，找出还盘中提出的新内容，结合市场变化情况和销售意图认真对待和考虑。

（4）对买方还盘的答复。国际贸易中，最常见的还盘是买方对卖方发盘价格的还盘。遇到此种还盘时，卖方一般可按以下方法予以处理和答复。

1）感谢来函，但不能接受其还价。例如：Thank you for your fax of June 5.We regret to say that we cannot accept your counter offer.

2）强调原价格的合理性并陈述理由。例如：Although we are desirous of meeting your requirements, we regret being unable to comply with your request for price reduction. The price we quoted is accurately calculated. We have cut our profit to the minimum.

4．接受

（1）接受（Acceptance）的概念。接受在法律上称“承诺”，是买方和卖方同意对方在发盘中提出的各项交易条件，并愿按这些条件与对方达成交易、订立合同的一种肯定的表示。这种表示可以是做出声明，也可以是做出某种行为。

按法律和惯例，一方的发盘经另一方接受，交易即告达成，合同即告成立，双方就应分别履行其所承担的合同义务。一项有效的接受一般须具备以下条件：接受必须由受盘人做出；接受必须在发盘有效期内传达到发盘人；接受的内容必须与发盘相符。

（2）有关法律与运用。

1）有条件的接受。原则上讲，接受应是无条件的，有条件的接受不能视为有效的接受，而是一项反要约。对有条件的接受，公约做出以下规定。

公约19条第1款：对发盘表示接受时，如载有添加、限制或其他更改，应视为对发盘的拒绝，并构成反要约。

公约19条第2款：对发盘表示接受但载有添加或不同条件的答复，如所载的添加或不同条件在实质上并不变更该项发盘的条件，则除发盘人在不过分延迟的期间内以口头或书面方式提出异议外，仍可作为接受，合同仍可有效成立。

公约19条第3款：凡在接受中对下列事项做了添加或变更，均认为在实质上变更了发价的条件：货物的价格；付款；货物的质量与数量；交货的时间与地点；当事人的赔偿责任范围；解决争议的方法。

根据公约规定，发盘人在收到受盘人发来的有条件的接受后，须首先断定其添加或不同条件的性质。如果这种添加或不同条件是“实质性”的，则应将其按还盘处理，即使发盘人没有提出异议，合同也不成立；但如果这种添加或不同条件是“非实质性”的，如果发盘人不及时提出反对，则对方的接受有效，双方合同成立。对此，我们必须清醒地理解和把握。

2) 逾期接受。发盘人收到受盘人送来的逾期接受时，应认真查明造成接受逾期的原因，然后根据造成接受逾期的不同原因进行不同的处理，即如果这种逾期是受盘人原因造成的，则这种逾期接受无效，不能导致合同成立；但如果这种逾期不是受盘人原因而是邮递原因造成的，则该逾期接受是否有效主要应看发盘人的态度，即看其是否及时向对方表明其发盘已经失效。如果发盘人向对方表明了这一点，则对方接受无效，合同不成立；但如其没有向对方表明其发盘已经失效，则对方接受仍然有效，合同成立。对这一点，我们也应灵活运用与把握。

3）接受的撤回。公约规定："接受可以撤回，只要撤回的通知能于该项接受生效之前或与其同时到达发盘人。"根据公约这一规定，如果交易磋商的一方在交易磋商中做出错误接受表示，他可以在该接受送达对方之前采取措施阻止接受生效，即明确地向发盘人发出撤回通知且使该通知于接受生效之前或与其同时到达发盘人。

（3）接受需注意的问题。国际贸易中，表示接受的可以是买方，也可以是卖方。

如果是我方表示接受，一般应注意以下几个问题。

1）接受时应慎重对洽商的函电或谈判记录进行认真核对，经核对认为对方提出的各项交易条件确已明确、肯定、无保留条件时，再予接受。

2）接受可以简单表示，如"你10日电接受"，也可详细表示，即将洽商的主要交易条件再重述一下，表示接受。一般来说，对一般交易的接受，可采用简单形式表示，但接受电报、电传或信函中须注明对方来电、信函的日期或文号；对大宗交易或交易洽商过程比较复杂的，为慎重起见，在表示接受时，应采用详细叙述主要交易条件的形式。

3）表示接受应在对方报价规定的有效期之内进行，并严格遵守有关时间的计算规定。

4）表示接受前，详细分析对方报价，准确识别对方函件性质是发盘还是询盘，以免使自己被动或失去成交的机会。

由国外客户表示接受时，应注意以下问题。

1）收到国外客户接受后，要认真分析客户接受的有效性，根据客户接受情况及我方经营意图，正确处理把握合同成立与不成立的法律技巧。

2）注意贯彻"重合同、守信用"的原则，只要对方接受有效，即使情况变化对我方不利，我方仍应同客户达成交易、订立合同，维护我方信誉。

1.1.4 报价核算

1. 三种常用贸易术语价格核算

外贸进出口业务常用 FOB、CFR、CIF 三种贸易术语报价成交。掌握这三种贸易术语的价格核算，对于买卖双方都有非常重要的意义。

以下是我国常用的 FOB、CFR、CIF 三种贸易术语的价格构成及有关计算公式。

（1）三种贸易术语的价格构成。

FOB=购货成本+国内费用+银行费用+预期利润

CFR=购货成本+国内费用+银行费用+出口运费+预期利润

CIF= 购货成本+国内费用+银行费用+出口运费+出口保险费+预期利润

（2）出口收购（购货）成本核算公式。

出口收购（购货）成本=实际成本×（1+增值税税率）÷（1+增值税税率–出口退税税率）

出口收购（购货）实际成本=购货成本 ÷（1+增值税税率–出口退税税率）×（1+增值税税率）

（3）国内费用核算公式。

国内费用=包装费+仓储费+国内运费+认证费（许可证、产地证等认证费）+港杂费+商检费+捐税（关税、增值税等）+垫款利息+业务费（交际费、交通费、通信费等）

（4）出口运费核算公式。

出口班轮（散货）运费=（基本运费+附加运费）×计费数量

= 基本运费×（1+各种附加运费费率）×计费数量

出口集装箱（整箱）运费=包箱费率（每个集装箱运费）×集装箱数量

（5）出口保险费核算公式。

出口保险费= CIF×［1+投保加成（10%）］×保险费率

（6）预期利润公式。

预期利润=出口价格×利润率

（7）佣金公式。

佣金=含佣价×佣金率

（8）集装箱数量公式。

集装箱数量=集装箱载重/货物重量或集装箱容积/货物体积（选其中数值较高者）

2. 报价核算方法

（1）报价数量核算。在国际货物运输中，经常使用的是 20 英尺和 40 英尺集装箱，20 英尺集装箱的有效容积为 25 立方米，40 英尺集装箱的有效容积为 55 立方米。出口商在做报价核算时，建议按照集装箱可容纳的最大包装数量来计算报价数量，以节省海运费。根据产品的体积、包装单位、销售单位、规格描述等来计算报价数量。

【例 1-1】商品 03001（三色戴帽熊）的包装单位是 CARTON（箱），销售单位是 PC（只），规格描述是每箱装 60 只，每箱体积为 0.164 立方米。试分别计算该商品用 20 英尺、40 英尺集装箱运输出口时的最大包装数量和报价数量。

解：每 20 英尺集装箱

包装数量＝25÷0.164＝152.439（箱），取整为 152 箱。

报价数量＝152×60＝9 120（只）

每 40 英尺集装箱

包装数量＝55÷0.164＝335.365（箱），取整为 335 箱。

报价数量＝335×60＝20 100（只）

（2）采购成本核算。通过邮件和供应商联络，询问采购价格，用以核算成本。

【例 1-2】商品三色戴帽熊，供应商报价为每只 6 元，求采购 9 120 只的成本。

解：采购成本＝6×9 120＝54 720（元）

（3）出口退税收入核算。

【例 1-3】增值税税率为 17%，出口退税税率为 15%，已从供应商处得知供货价为每只 6 元(含增值税 17%)，试算 9 120 只三色戴帽熊的出口退税收入。

解：出口退税收入＝采购成本÷（1+增值税税率）×出口退税税率

＝6×9 120÷（1+17%）×15%

＝7 015.38（元）

（4）国内费用核算。国内费用包括内陆运费、报检费、报关费、核销费、公司综合业务费、快递费。

其中：

内陆运费＝总体积×单位体积价格

出口货物的总体积＝报价数量÷每箱包装数量×每箱体积

【例 1-4】商品三色戴帽熊，每箱 5 打，每打 12 个，每箱可装 60 个，每箱体积 0.164 立方米，内陆运费为每立方米 100 元。求报价数量为 9 120 只的内陆运费是多少。

解：出口货物的总体积＝9 120÷60×0.164＝24.928（立方米）

内陆运费＝24.928×100＝2 492.8（元）

（5）海运费核算。出口交易中，在采用 CFR、CIF 贸易术语成交的条件下，出口商需核算海运费。

在出口交易中，集装箱类型的选用、货物的装箱方法对于出口商减少运费开支起着很大的作用。货物外包装箱的尺码、重量，货物在集装箱内的配装、排放及堆叠都有一定的讲究，需要在实践中摸索。

在核算海运费时，出口商首先要根据报价数量算出产品体积，再从运费查询页找到对应该批货物目的港的运价。如果报价数量正好够装整箱（20 英尺或 40 英尺），则直接取其运价为海运费；如果不够装整箱，则用出口货物的总体积×拼箱的价格来算出海运费。由于运价都以美元显示，在核算完海运费后，应根据当天汇率换算成人民币。

（6）保险费核算。出口交易中，在以 CIF 术语成交的情况下，出口商需要查询保险费率，用以核算保险费。公式如下：

保险费＝保险金额×保险费率

保险金额＝CIF 货价×（1+保险加成率）

在进出口贸易中，根据有关国际惯例，保险加成率通常为10%。出口商也可根据进口商的要求与保险公司约定不同的保险加成率。

（7）银行费用核算。银行费用公式如下：

银行费用＝报价总金额×银行费率

不同的结汇方式，银行收取的费用也不同。

【例1-5】报价总金额为8 846.4美元时，分别计算L/C、D/P、D/A、T/T的银行费用。

解：第1步：查询费率

查得L/C费率1%、D/A费率0.15%、D/P费率0.17%、T/T费率0.1%。

第2步：查询汇率

查到美元的汇率为8.25元人民币兑换1美元。

第3步：计算银行费用

L/C银行费用＝8 846.4×1%×8.25＝729.83（元）

D/P银行费用＝8 846.4×0.17%×8.25＝124.07（元）

D/A银行费用＝8 846.4×0.15%×8.25＝109.47（元）

T/T银行费用＝8 846.4×0.1%×8.25＝72.98（元）

（8）利润核算。利润核算公式如下：

利润＝报价金额−采购成本−各项费用+退税收入

【例1-6】商品三色戴帽熊，增值税税率为17%，退税率为15%，体积每箱0.164立方米。报价数量为9 120只，FOB报价金额为每只0.8美元，采购成本为每只6元（以下未特别说明均为人民币），报检费120元，报关费150元，内陆运费2 492.8元，核销费100元，银行费用601.92元，公司综合业务费3 000元，外币汇率为8.25元人民币兑1美元。试计算该笔FOB报价的利润。

解：报价金额＝0.8×9 120×8.25＝60 192（元）

采购成本＝6×9 120＝54 720（元）

各项费用＝120+150+2 492.8+100+601.92+3 000＝6 464.72（元）

退税收入＝54 720÷（1+17%）×15%＝7 015.38（元）

利润＝60 192−54 720−6 464.72+7 015.38＝6 022.66（元）

（9）佣金与折扣的核算。在国际贸易中，为了推销商品，促成交易，或者为了开拓市场，鼓励当地商人经销我方商品或为了对付竞争对手扩大市场销量，佣金与折扣的运用是很普遍的。买卖双方成交的价格影响到双方的利益，影响到进口价格或出口价格的高低。因而，我们在进行进口价格或出口价格的计算时，就要了解佣金与折扣的概念，掌握佣金与折扣的使用方法。

1）佣金。

① 佣金的概念。佣金（Commission）是指中间商因介绍交易或代理买卖而向卖方或买

方收取的酬金。佣金可由卖方支付，也可由买方支付。中间商替卖方推销商品或牵线搭桥做成买卖，则要向卖方收取佣金。同样，中间商为买方采购商品、办理进口手续，买方也要付给佣金。即使同一笔交易，中间商也可同时接受双方的委托，分别向买卖双方收取佣金，即所谓的双头佣金。在出口贸易中，许多进口商并非最终消费者或实际用户，他们做买卖的目的是转手倒卖，从而具有买主和中间商的双重身份，他们向卖方索取的佣金也可理解为折扣。

② 佣金的核算方法。

佣金的计算公式如下：

佣金＝含佣价×佣金率

【例 1-7】买卖双方成交服装一批，数量 200 打，每打 300 港元，CIF 西雅图，佣金率为 5%。据此，应付的佣金为 3 000 港元，即：300×200×5%＝3 000（港元）

因此，为了进行佣金的计算，我们得先确定佣金率和作为计佣基数的含佣价。含佣价通常的表示方法为 CIFC5%或 CRFC4%。

佣金率通常以成交金额的一定百分比来表示，因而，双方成交的价格越高，或者成交的数量越多，需要支付的佣金也就越多。佣金率的高低可由双方在洽商具体交易条件时商定，对于市场上畅销的商品可以少给甚至不给佣金，对于市场滞销的商品或新产品则可适当提高佣金率，鼓励对方积极推销商品与努力开拓市场。

但若给出的 CFR 价为净价（Net Price），其中不包含佣金，那就要先推算含佣价，再据以计算应付的佣金，这样才能保证原来 CIF 价或 CFR 价的实际收汇额不变。

含佣价计算公式如下：

含佣价＝净价÷（1–佣金率）

则

CIF 含佣价＝CIF 净价÷（1–佣金率）

或

CFR 含佣价＝CFR 净价÷（1–佣金率）

【例 1-8】8 000 港元为净价，以 CIF 价格成交，佣金率为 5%，计算含佣价。

解：CIFC5%＝8 000÷（1–5%）＝8 421.05（港元）

这样，扣除佣金之后，则可保证出口方 8 000 港元的收汇额不变。

有些商家在计付佣金时，采取以 FOB 为计佣基数的做法。若以 CIF 价或 CFR 价成交，就要从发票金额中扣除运保费或运费，得出 FOB 价，再根据约定的佣金率，计算出应当支付的佣金额。例如，买卖双方按 CIF 价成交一批价值 35 600 港元的货物，约定佣金率为 7%，该批货物的运费为 1 500 港元，保险费为 300 港元。若以 FOB 为基数来计算佣金，先求出 FOB 价 33 800 港元（35 600–1 500–300），再算出应付的佣金为 2 366 港元（33 800×7%）。

以 FOB 价为计佣基数的理由是，由于运费为船公司所得，保险费又得缴付给保险公司，出口方并没有从中得益，因而就不该支付佣金。但这种做法在实务中很少使用，因为佣金是中间商介绍交易或代为买卖所收取的酬金，因此，中间商仅依据成交金额的大小来收取佣金，而不管成交金额中哪些部分是卖方的收入，而哪些部分又为他人所得。按 FOB 价计付佣金的做法，使用起来也不方便，要分清运费、保险费或其他费用开支有时并不容易。同时，出于竞争策略的考虑，出口方通常也不愿意让对方知悉成交货物的成本、利润、运保费及其他费用开支的情况。

③ 与佣金有关的进出口价格计算。在国际贸易实务中，以含佣价格计算时，可能要在原有报价的基础上加上进口商或中间商的佣金，但又保证出口方的汇额不变，这就涉及从净价到含佣价的计算。

a．净价改为含佣价。如原报价为 FOB 价或 CFR 价，也可进行类似的计算，既加上进口商的佣金，又保证出口商的原收入不变，得出含佣金的成交价格。

b．调整佣金比率的计算。进出口双方在洽商交易时，还可能就佣金的高低进行讨价还价，这就需要调整原来的佣金率，同时又得保证出口方的原定收入不变。佣金率的调整，既可能因买方的要求而调高，也可能由于卖方的坚持或其他方面而下降。

【例 1-9】出口一批商品，CIFC5%价为 84.21 美元，如佣金率调高到 8%，含佣价及佣金是多少？

解：先把含佣价改净价：84.21×（1−5%）＝80（美元）

再把净价调整为含佣价：CIFC8%＝80÷（1−8%）＝86.96（美元）

或者把两步并为一步：CIFC8%＝［84.21×（1−5%）］÷（1−8%）＝86.96（美元）

复验计算结果：应付进口商佣金＝86.96×8%＝6.96（美元）

出口商原定收入不变，仍为 80 美元（86.96−6.96）。

当然，佣金率也可能下调。例如，该类货物市场需求旺盛，成为市场的抢手货，出口商可能要求进口商少拿或不拿佣金。

2）折扣。

① 折扣的概念。折扣（Discount），是指卖方在原来价格的基础上给予买方一定比率的价格减让，如 HK$ 300 per dozen CIF Seattle less 10% discount。折扣也可用英文缩写字母表示，如 Discount 用 D 表示，CIFD 10%。

折扣的支付方法与佣金不同，因为折扣是卖方给予买方的价格折让，因而应在买方支付货款时扣除。

② 折扣的种类。折扣的种类很多，因为给予折扣的原因不同而名称各异。进出口贸易中常用的折扣有交易折扣、数量折扣、季节折扣、现金折扣及其他种类的折扣。

③ 折扣的核算。

折扣的核算公式如下：

单位货物折扣额=原价（或含折扣价）×折扣率

卖方实际净收入=原价−单位货物折扣额

【例 1-10】我方某公司以每公吨 520 美元 CIF 香港，含折扣 2%的价格对外出口一批货物，我方的净收入是多少？

解：净收入=520×（1−2%）=509.6（美元）

操作实训 1-1 核算实训练习

实训目的：正确掌握核算方法。

实训要求：根据所学知识正确计算下列各题。

1．上海旺盛贸易公司于 2015 年 5 月收到日本三井株式会社订购 17 公吨海产品的询价。旺盛贸易公司按正常报价程序进行报价核算。该海产品每公吨进货价格为 5 600 元人民币（含增值税 17%），出口包装每公吨 500 元人民币；该批货物国内运杂费共计 1 200 元人民币；出口商检费 300 元人民币；报关费 100 元人民币；港区港杂费 950 元人民币；其他各种费用共计 1 500 元人民币。旺盛公司向银行贷款的年利率为 8%；预计垫款时间 2 个月；银行手续费率为 0.5%（按成交价格计），退税率为 3%；海运费共 2 200 美元，保险费率 0.85%；三井株式会社要求在报价中含佣金 3%。若旺盛贸易公司的预期利润是 10%（以成交金额计），当时人民币对美元汇率为 6.37:1，试算出 CIF3%的价格是多少。

2．中纺针棉毛织品进出口公司向韩国釜山某客户出口一批全棉内衣，其中海运费 3 000 美元，出口定额费率是进货成本的 6%；当时人民币对美元的汇率为 6.371:1；保险费率为 0.75%，按成交总额 110%投保；佣金率为 3%，增值税税率为 17%；退税率为 8%；其他资料如表 1-1 所示。试核算该公司出口交易的利润总额和利润率。

表 1-1 其他资料

货 号	成交数量	计算单位	成交金额	成 本
S8923	300	PIECE	USD7.25	CNY34.90
L8822	800	PIECE	USD7.60	CNY36.70
M8653	450	PIECE	USD8.45	CNY40.20
XL8865	600	PIECE	USD8.70	CNY44.50

3．上海某公司向新加坡某客户出口一批商品共 10 公吨，报价为净重每公吨 FOB 上海 2 000 港元，该商品用木箱装，每箱装货 20 千克，箱重 5 千克，后外商要求改报 CFR 价。经查该商品以重量吨计收运费，上海至新加坡每公吨的基本费率为 500 港元，并收取港口附加费 20%。请计算总运费并重新报 CFR 价。

4．一批出口货物 CFR 价为 100 000 美元，后来客户要求改报 CIF 价加二成投保海运一切险和战争险，一切险费率为0.6%，战争险费率为0.03%。我方同意照办。请问我方应向客户补收多少保险费？

5．上海新诚外贸公司出售一批货物到加拿大，出口总价为10万美元CIF温哥华，其中从上海到温哥华的运费和保险费占10%，这批货物的国内购进价为人民币50万元（含增值税17%），该公司的费用定额率为5%，退税率为9%。结汇时银行的外汇买入价为1美元折合人民币6.371元。请计算该批货物的出口商品换汇成本和出口商品盈亏率。

任务2 国际贸易合同的签订

国际贸易中，当交易一方提出发盘，交易另一方做出有效接受之后，买卖双方之间即达成买卖合约关系。买卖双方在交易磋商过程中的往来函电即为双方买卖合约的书面证明。但为了明确，买卖双方一般还要在交易磋商的基础上签订书面合同或成交确认书，将双方的权利、义务及各项交易条件明文规定下来。

1.2.1 国际货物买卖合约的形式和内容

1．国际货物买卖合约的形式

国际贸易中，买卖双方使用的货物买卖合约的形式及名称没有特定限制。只要双方当事人同意，可采用正式的合同（Contract）、确认书（Confirmation），也可采用协议（Agreement）、备忘录（Memorandum）等各种形式。我国对外贸易中，主要使用合同和确认书。

（1）合同。合同是交易中一种非常正式的货物买卖协议。它的内容比较全面、详细，除了交易的主要条件，如品名、品质、数量、包装、价格、装运、支付外，还有保险、商品检验（商检）、索赔、不可抗力、仲裁等条件。交易中，由卖方根据磋商结果拟订的合同称“销售合同”（Sales Contract）；由买方根据协商条件拟订的合同称“购货合同”（Purchase Contract）。

（2）确认书。确认书是一种内容比较简单的国际货物买卖合约。它与前面所说的合同相比，仅包括买卖交易的主要条件，而不包括买卖交易的一般确认条件。其中，卖方出具的确认书称“销售确认书”，买方出具的确认书称“购货确认书”。

以上两种形式的国际货物买卖合约，虽然在格式、条款项目和内容的繁简上有所不同，但在法律上具有同等效力。在我国对外贸易业务中，大宗商品或成交金额比较大的交易一般采用合同形式，金额不大、批数较多的小土特产品和轻工业品一般采用确认书形式。合同或确认书一般由我方根据双方磋商的条件缮制正本一式两份，我方签字后寄交对方，经对方查核签字后，留存一份，另一份寄还我方，双方各执一份，作为国际货物买卖合约订立的证据和履行合同的依据。

2. 国际货物买卖合约的结构和内容

以下以合同为例介绍，一份完整的合同一般由以下三部分组成。

(1) 约首。约首即合同的首部，通常包括合同的名称、编号、签订日期和地点、订约双方当事人的名称和地址等。

(2) 本文。本文是合同的主体部分，一般以合同条款的形式具体列明交易的各项条件，规定双方的权利和义务。本文部分一般包括下列合同条款：品名、数量、包装、价格、支付、装运、保险等。此外，出口合同或确认书中通常还在一般交易条件或备注栏中列明有关预防及处理有关争议的条款。

(3) 约尾。约尾即合同的尾部，主要说明合同的份数、附件及其效力、使用的文字、生效时间、适用的法律及缔约双方当事人（法人代表或其授权人）的签字。

1.2.2 合同的签订

下面是一个出口商品销售合同的示例，如表 1-2 所示。

表 1-2 出口商品的销售合同示例

出口商品销售合同（范本）

SALES CONTRACT

======================

<table>
<tr><td colspan="2">卖方：
The Sellers</td><td>合同号：
S/C No.:</td></tr>
<tr><td colspan="2">地址：·

Address:</td><td>日期：

Date:</td></tr>
<tr><td>电话/Tel:

传真/Fax:</td><td></td><td rowspan="4">签订地点：

Signed At：

（名称必须真实、完整，地址、联系方式应详尽齐备，必须包含国籍，因为国籍为确定诉讼管辖、适用法律的标准之一）</td></tr>
<tr><td>买方：
The Buyers</td><td>Wellseek 有限公司

Wellseek Limited</td></tr>
<tr><td colspan="2">地址：
Address：</td></tr>
<tr><td colspan="2">电话/Tel：
传真/Fax：</td></tr>
<tr><td colspan="3">--</td></tr>
</table>

续表

<table>
<tr><td colspan="5">兹经买卖双方同意按下列条款成交</td></tr>
<tr><td colspan="5">The undersigned Sellers and Buyers have agreed to close the following transactions according to the terms and conditions stipulated bellow：</td></tr>
<tr><td>1．名称或种类
Name of Commodity
& Specifications</td><td>规格
Descriptions</td><td>数量
Quantities</td><td>单价
Unit Price</td><td>金额
Amount</td></tr>
<tr><td>（标的物必须合法，名称要用全称，注明牌号或商标）</td><td>（应对标的物的外观、特性有综合性的描述）</td><td>（规定交货的数量和使用的计量单位；计量单位必须符合国际单位制）</td><td>（应注意币别、单位）</td><td>（必须严格等于“数量×单价”）</td></tr>
<tr><td colspan="5">总金额：________
Total Value：___________</td></tr>
<tr><td colspan="2">2．　　成交价格术语

Terms</td><td colspan="3">□FOB　□CFR　□CIF　□DDU
本合同使用的FOB、CFR、CIF、DDU等术语来自国际商会《Incoterms 2000》
□FOB　□CFR　□CIF　□DDU
Terms used in this contract,including FOB、CFR、CIF、DDU, shall be interpreted in accordance with INCOTERMS 2000 of the International Chamber of Commerce.</td></tr>
<tr><td colspan="2">3．　　包装条款

Packing</td><td colspan="3">包装材料_____，包装方式_____，包装规格_____，包装成本由______方承担。
Packing materials_____ , Packing style_______ , Packing description____， the packing expense is paid by ___.</td></tr>
<tr><td colspan="2">4．　　装运期
Time of Shipment</td><td colspan="3">_____________
_____________</td></tr>
<tr><td colspan="2">5．　　装运港及目的地

Loading Port & Destination</td><td colspan="3">由_____到______
(装运港及目的地必须准确使用标准名称)
______To： ______</td></tr>
<tr><td colspan="2">6．　　装运条件</td><td colspan="3">转运：□允许　□不允许
分批装运：□允许　□不允
(注明是否可转运、分批等交货方式信息)</td></tr>
</table>

续表

	Terms of Shipment	**Transshipment：□allowed □not allowed** **Partial shipment：□allowed □not allowed**
7.	保险条款 Insurance	**由_____方按发票金额 110%投保____险，另加保___ 险至____为止。** （合同中的保险条款是指具体规定由哪方当事人负担货物运输的保险责任，以及应投保的险别等内容的条款。其目的在于把保险责任具体化） **to be covered by the ___ FOR 110% of the invoice value covering ___ additional ___ from ___ to ___**
8.	付款条件 Term of Payment	
□	**买方不迟于 ___年 ___月 ___日前将 100%的货款用即期汇票/电汇送抵卖方** **The buyers shall pay 100% of the sales proceeds through sight(demand) draft/by T/T remittance to the sellers not later than ___**	
□	**买方须于 ___年 ___月 ___日前通过 ___ 银行开出以卖方为受益人的不可撤销 ___天期信用证，并注明在上述装运日期后 ___ 天内在中国议付有效，信用证须注明合同编号。** **The buyers shall issue an irrevocable L/C at ___sight through __ in favor of the sellers prior to ___ indicating L/C shall be valid in China through negotiation within ___ day after the shipment effected, the L/C must mention the Contract Number.**	
□	**付款交单：买方应对卖方开具的以买方为付款人的见票后___天付款跟单汇票，付款时交单。** **Documents against payment：(D/P)The buyers shall duly make the payment against documentary draft made out to the buyers at___sight by the sellers.**	
□	**承兑交单：买方应对卖方开具的以买方为付款人的见票后___天承兑跟单汇票，承兑交单。** **Documents against acceptance：(D/A)The buyers shall duly accept the documentary draft made out to the buyers at ___ days by the sellers.**	
9.	装船标志 Shipping Marks：	____________ （唛头是运输装卸和识别货物的特殊标志，必须确认唛头标志合法、有效、不会引发知识产权纠纷） ____________
10.	检验与索赔 Inspection and Claims	（检验条款的作用是提供一个确定卖方所交货物是否符合合同的依据，关系到合同的履行、索赔、诉讼等许多法律问题）

续表

(1)	卖方在发货前由 ___ 检验机构对货物的品质、规格和数量进行检验，并出具检验证明书。 **The buyers shall have the qualities, specifications, quantities of the goods carefully inspected by the ___ Inspection Authority, which shall issue Inspection Certificate before shipment.**
(2)	货物到达目的口岸后，买方可委托当地的商品检验机构对货物进行复检。如果发现货物有损坏、残缺或规格、数量与合同规定不符，买方须于货到目的口岸的___天内凭___检验机构出具的检验证明书向卖方索赔。 **The buyers have right to have the goods inspected by the local commodity inspection authority after the arrival of the goods at the port of destination if the goods are found damaged/short/their specifications and quantities not in compliance with that specified in the contract, the buyers shall lodge claims against the sellers based on the Inspection Certificate issued by the Commodity Inspection Authority within ___ days after the goods arrival at the destination.**
(3)	如买方提出索赔，凡属品质异议，须于货到目的口岸之日起 __ 天内提出；凡属数量异议，须于货到目的口岸之日起 ___ 天内提出。对所装货物所提任何异议应由保险公司、运输公司或邮递机构负责的，卖方不负任何责任。 **The claims, if any regarding to the quality of the goods, shall be lodged within ___ days after arrival of the goods at the destination, if any regarding to the quantities of the goods, shall be lodged within ___ days after arrival of the goods at the destination. The sellers shall not take any responsibility if any claims concerning the shipping goods is up to the responsibility of Insurance Company/Transportation Company/Post Office.**
11.	不可抗力：如因人力不可抗拒的原因造成本合同全部或部分不能履约，卖方概不负责，但卖方应将上述发生的情况及时通知买方。 **Force Majeure：The sellers shall not hold any responsibility for partial or total non-performance of this contract due to Force Majeure.But the sellers advise the buyers on time of such occurrence.**
12.	争议解决方式：凡因执行本合约或有关本合约所发生的一切争议，双方应协商解决。如果协商不能得到解决，应提交仲裁。仲裁地点在被告方所在国内，或者在双方同意的第三国。仲裁裁决是终局的，对双方都有约束力，仲裁费用由败诉方承担。 **Disputes settlement：All disputes in connection with this contract of the execution thereof shall be amicably settled through negotiation. In case no amicable settlement can be reached between the two parties, the case under dispute shall be submitted to arbitration, which shall be held in**

续表

	the country where the defendant resides, or in third country agreed by both parties. The decision of the arbitration shall be accepted as final and binding upon both parties. The Arbitration Fees shall be borne by the losing party.
13.	**法律适用：本合同之签订地，或发生争议时货物所在地在中华人民共和国境内或被诉人为中国法人的，适用中华人民共和国法律，除此规定外，适用《联合国国际货物销售公约》。** **Law application：It will be governed by the law of the People's Republic of China under the circumstances that the contract is signed or the goods while the disputes arising are in the People's Republic of China or the defendant is Chinese legal person, otherwise it is governed by Untied Nations Convention on Contract for the International Sale of Goods.**
14.	**文字：本合同中、英两种文字具有同等法律效力，在文字解释上，若有异议，以中文解释为准。** **Versions：This contract is made out in both Chinese and English of which version is equally effective. Conflicts between these two languages arising therefrom, if any, shall be subject to Chinese version.**
15.	**有效期限：本合同由双方签字后生效，有效期自_____至_____。在有效期内，本合同条款适用于以订单、电子邮件等形式确认的同类货物贸易。** **Validity：This contract, after its being signed by the parties concerned shall remain of in force from _____ to _____.**
16.	备注 Remarks
卖方_______ The Seller________	买方_______ The Buyers__________

注：合同范本中，加粗字体为条款内容模板，□表示数个条款可以选择性使用，（　）中的文字为合同参考条款的相关解释。

1. 合同的缮制

国际贸易中，买卖双方达成交易后，交易一方要根据磋商情况缮制合同或确认书。缮制合同或确认书，当事人必须注意以下问题。

（1）合同的内容必须贯彻我国对外贸易的方针、政策，体现平等互利的原则。

（2）合同条款的内容必须和磋商达成的协议内容相一致。

（3）合同条款要具体、明确、完善。各条款之间应协调一致，防止互相矛盾。

（4）文字要简练、严谨，避免使用含混不清或模棱两可的词句。

2．签约函

进出口业务中，合同一般由我方缮制。合同制好后，我方应及时将其寄给对方让其签署。寄合同时，我方一般要在合同外附上一封简短的书信——签约函。签约函一般包括如下内容。

（1）对成交表示高兴，希望合同顺利进行。常用的表达方式如："We are pleased to have concluded business with you in the captioned goods."

（2）告知对方合同已寄出，希望其予以会签。如："We are sending you our Sales Confirmation No.765401 in duplicate. Please sign and return one copy for our file."

（3）催促对方尽早开立信用证。如："It is understood that a letter of credit in our favour covering the above-mEntioned goods will be established promptly."

3．合同的条款

一份完整的出口合同要对交易各环节、各要件做出明确的规定。对出口商而言，合同既是对买家应该履行的义务的一种明确规定，又是卖方对自己必须履行的义务的一种界定。同时，一份合同措辞得当可以减少不少潜在风险，增加交易中的安全性。

（1）品质条款。商品作为进出口合同的物质基础，对其品质的约定是整个合同中最重要的内容。合同中品质的表达方法有凭说明和凭样品表示两种，两种方式的陈述都要求既准确又保持必要的灵活性。在目前"买方市场"下，卖方有意违约的比例不大。就商品质量而言，现在很多卖方违约是由合同中品质条款的措辞不严谨而造成的。例如，中国A公司同美国B公司签订合同，出口一批童装。洽谈中，B看过A提供的样品，同意以此作为交货的品质标准。而出口合同的品质说明中只简单写明了规格、质料、颜色。货到美国后，B提出"颜色不正、缝制工艺粗糙"，要求退货和赔偿。A辩解货物凭样品成交，样品经B确认过。B指出合同中并没有写明"凭样品成交"字样，也没有写明样品编号；况且，A没有封存样品作为证物。A解释纺织品按常识会存在色差问题。B回应合同中品质说明中没有注明所交货物会有色差。A意识到即使提交仲裁机构，自己也无法提交有力证据，所以，只好在价格上答应B提出的降价要求，才使争议得以解决。

因此，对于根据买方来样成交或因制造技术上确有困难不能做到与样品一致的商品，卖方应该在合同中保留类似的描述，如"交货与样品近似""品质与样品大致相同""品质接近样品"，等等。有的商品的品质必须写明一个机动幅度，即允许卖方所交货物的品质指标有一定幅度的差异。例如，鸭绒含绒量为90%，允许+/–1%；服装类产品应该标明"允许有色差"。对于凭样品成交的合同，在合同的品质条款中，除列明商品的名称、商标/牌号、规格、型号等必要项目外，还要明确凭卖方和买方的样品、样品的编号、寄送样品的日期及有关寄送样品的函电，不能简单地只作一般描述。案例中A公司如果在合同中列明了这些内容，就不至于在B公司提出质量问题时有理说不清了。

国际货物品质条款有多种制定或表示方法，常见的有以下几种。

1）凭等级。如：

9371 中国绿茶，特珍一级

9371 CHINA GREEN TEA SPECIAL CHUMMY GRADE 1

2）凭规格。如：

芝麻

水分（最高）8%—SESAMES MOISTURE (MAX.)8%

杂质（最高）2%—ADMIXTURE (MAX.)2%

含油量（最低）52%—OIL CONTENT (MIN.)52%

3）凭品名、规格。如：

① 张裕干红葡萄酒，糖分 12 度

ZHANGYU DRY RED WINE, TWELVE DEGREE OF SUGAR

② C708 中国灰鸭绒，含绒量为 90%，允许 1%上下

C708 CHINESE GREY DUCK'S DOWN WITH 90%DOWN CONTENT, 1% MORE OR LESS ALLOWED

（2）数量条款。数量条款主要由数字和计量单位构成，常见的数量条款如。

1）大米，5 000 公吨，5%上下，由卖方决定

RICE 5,000 METRIC TONS，5% MORE OR LESS AT SELLER'S OPTION

2）蚕豆，60 000 公吨，以毛作净，卖方可溢短装 5%，增减部分按合同价格计

SOYBEAN 60,000M/T,GROSS FOR NET，5%MORE OR LESS AT SELLER'S OPTION AT CONTRACT PRICES

（3）包装条款。包装条款一般包括包装材料和包装方式，常见的包装条款如。

1）木箱装，每箱 50 公斤，净重

IN WOODEN CASES OF 50 KILOS NET EACH

2）纸箱装，每箱净重 40 公斤，然后装托盘

IN CARTONS OF 40KGS NET EACH，THEN ON PALLETS

3）国际标准茶叶，纸箱装，20 纸箱一托盘，10 托盘一集装箱

IN INTERNATIONAL STANDARD TEA BOXES，20 BOXES ON A PALLET，10 PALLETS IN A FCL CONTAINER

（4）价格条款。合同中的价格条款有两部分：单价与总值。常见的价格条款如。

1）每套 75 德国马克 CFR 汉堡净价

DM75 PER SET CFR NET HAMBURG

2）每打 125 港元 CIFC5%香港（或 CIF 香港含 5%佣金）

HK＄125 PER DOZ.CIFC5% HONGKONG (OR CIF HONGKONG INCLUDING 5% COMMISSION)

3）每公吨300美元FOBS上海，以毛作净

USD 300 PER METRIC TON FOBS SHANGHAI, GROSS FOR NET

（5）装运条款。装运条款中，在订立出口合同时不能确定在何处装运或各处可供装运的数量时，就可以多规定几个装运港，或干脆只规定“中国主要港口（Chinese Main Ports，CMP)”。但目的港规定必须明确具体，既要选用有班轮停靠的基本港，又一般不能使用“欧洲主要港口”这样笼统的字句，因为国际上对此并无统一解释，并且不同港口的装卸条件、费用有天壤之别。如出口到没有直达船或虽有直达船而航次很少的港口，合同中应规定“允许转船”字样。

装运条款内容较多，常见装运条款如下。

1）收到信用证后45天内装运，买方必须最迟于××天将L/C开抵卖方。

SHIPMENT WITHIN 45 DAYS AFTER RECEIPT OF L/C. THE BUYERS MUST OPEN THE L/C TO REACH THE SELLERS BEFORE ×× (DATE).

2）2015年5月前装运，由上海经香港至伦敦，5 000公吨分三批等量装运，每批相隔20天。

SHIPMENT BEFORE MAY 2015 FROM SHANGHAI VIA HONG KONG TO LONDON BY CONTAINER VESSEL. 5,000M/T SHIPMENT TO BE EFFECTED IN THREE EQUAL CONSIGNMENT AT AN INTERVAL OF ABOUT 20 DAYS.

3）2015年1月/2月每月平均装运。

装运港：上海/天津

目的港：鹿特丹/安特卫普，选港附加费由买方负担。

SHIPMENT DURING JAN./FEB.2015 IN TWO EQUAL MONTHLY LOTS.

PORT OF LOADING: SHANGHAI / TIANJIN

PORT OF DESTINATION: ROTTERDAM / ANTWERP OPTIONAL,ADDITIONAL FEE FOR BUYER'S ACCOUNT.

（6）保险条款。合同中的保险条款根据买卖合同采用的贸易术语不同而有所不同。

1）FOB、CFR合同下的保险条款如下。

保险由买方办理

INSURANCE TO BE COVERED BY THE BUYERS

2）CIF合同下的保险条款如下。

由卖方按发票金额110%投水渍险、战争险、罢工险，按1981/1/1中国人民保险公司海洋运输货物保险条款。

INSURANCE IS TO BE COVERED BY THE SELLERS FOR LL0% OF THE INVOICE VALUE AGAINST W.A., WAR RISKS AND S.R.C.C. AS PER OCEAN MARINE CARGO C1AUSE OF THE PEOPLE'S INSURANCE COMPANY OF CHINA DATED JAN．1,1981．

（7）支付条款。

1）采用跟单信用证支付时的支付条款如下。

① 买方应通过卖方所接受的银行于装船月前××天开立并送达卖方不可撤销即期信用证，有效至装运月后第 15 天在中国议付。

THE BUYERS SHALL OPEN THROUGH A BANK ACCEPTABLE TO THE SELLERS AN IRREVOCABLE SIGHT LETTER OF CREDIT, TO REACH THE SELLERS ×× DAYS BEFORE THE MONTH OF SHIPMENT, VALID FOR NEGOTIATION IN CHINA UNTIL THE 15TH DAY AFTER THE MONTH OF SHIPMENT．

② 以不可撤销信用证，凭卖方开具的见票后××天的跟单汇票议付，有效期限为装运期后 15 天，在中国到期，该信用证须于合同规定的装运月前 30 天到达卖方。

BY IRREVOCABLE L/C AVAILABLE BY SELLER'S DOCUMENTARY DRAFT AT ×× DAYS AFTER SIGHT, TO BE VALID FOR NEGOTIATION IN CHINA UNTIL THE 15TH DAY AFTER DATE OF SHIPMENT. THE L/C MUST REACH THE SELLERS 30 DAYS BEFORE THE CONTRACTED MONTH OF SHIPMENT．

2）采用托收方式时的支付条款如下。

① 买方凭卖方开具的即期跟单汇票，于见票时立即付款，付款后交单。

UPON FIRST PRESENTATION THE BUYERS SHALL PAY AGAINST DOCUMENTARY DRAFT DRAWN BY THE SELLERS AT SIGHT．THE SHIPPING DOCUMENTS ARE TO BE DELIVERED AGAINST PAYMENT ONLY．

② 买方凭卖方开具的跟单汇票，于见票日后××天付款，付款后交单。

THE BUYERS SHALL PAY AGAINST DOCUMENTARY DRAFT DRAWN BY THE SELLERS AT ×× DAYS' SIGHT, THE SHIPPING DOCUMENTS ARE TO BE DELIVERED AGAINST PAYMENT ONLY．

③ 买方对卖方开具的见票后××天付款的跟单汇票，于提示时承兑，并于汇票到期日即予付款，承兑后交单。

THE BUYERS SHALL DULY ACCEPT THE DOCUMENTARY DRAFT DRAWN BY THE SELLERS AT ×× DAYS' SIGHT UPON FIRST PRESENTATION AND MAKE PAYMENT ON IT'S MATURITY．THE SHIPPING DOCUMENTS ARE TO BE DELIVERED AGAINST ACCEPTANCE AFTER IT HAS BEEN MADE．

（8）商检条款。在合同的商检条款中，商检机构和检验期限科学合理的约定不但是对买方行使复检权的保证，而且也是一种限制；再者，复检权及其行使期限是卖方对自己商品品质实行有效保护的有效途径。

目前，不少出口公司的固定格式合同上规定以货物出运时中国出入境检验检疫局出具的商检证作为商品数量、包装和品质的最终依据。事实上，这个条款的不对等性剥夺了买方重新检验的权利。按照国际惯例，买方收到货物并不等于买方接受货物，买方仍有一个合理的机会有权对货物进行检验。但在合同中，卖方应该对买方的复检权在文字上做出一个限制，如规定货物到岸后多少天内对方有重新检验的权利，但必须由“双方同意的”权威检验机构出具检验证书。“双方同意的”这几个字非常重要，因为国外的很多公证机构属于民间性质，而且不具备权威性，国际贸易中如果有恶意商人在质量、数量等问题上挑刺的话，就可以串通公证机构来坑害卖主。

常见的商检条款如下。

1）以装运港中国商品检验局签发的品质、重量／数量检验证书作为有关信用证项下议付所提交单据的一部分，买方对于装运货物的任何索赔，须于货物到达目的港××天内提出，并须提供经卖方同意的公证机构出具的检验证书。

THE CERTIFICATE OF QUALITY AND WEIGHT (QUANTITY) ISSUED BY THE CHINA COMMODITY INSPECTION BUREAU AT THE PORT OF SHIPMENT SHALL BE PART OF THE DOCUMENTS TO BE PRESENTED FOR NEGOTIATION UNDER THE RELEVANT LETTER OF CREDIT. ANY CLAIM BY THE BUYERS REGARDING THE GOODS SHIPPED SHALL BE FILED WITHIN ×× DAYS AFTER THE ARRIVAL OF THE GOODS AT THE PORT OF DESTINATION， AND SUPPORTED BY A SURVEY REPORT ISSUED BY A SURVEYOR APPROVED BY THE SELLERS.

2）中国商品检验局出具的质量／重量／数量证书为最后依据。

CERTIFICATE OF QUANTITY/WEIGHT/QUALITY TO BE ISSUED BY CHINA COMMODITY INSPECTION BUREAU SHALL BE TAKEN AS FINAL.

（9）索赔条款。在签订合同时，除了具体的实质性业务条款的严格把关外，还应该注意同时商定违约条款。可能卖家已经备好货，但买家迟迟没有开出信用证，或者本来由买方指派的船公司迟迟没有安排装运，造成码头堆存费用，或者买家根本不要货了。所以，在出口合同中要明确规定买家开立信用证的时间，或在 FOB 成交的情况下买家派船应抵达合同规定的装运港的时间，同时还要商定如果买家违约，买家应承担何种违约责任、负责哪些损失，当不能履约由买家造成时，出口商就可以向买家提出相应的索赔。

索赔条款的内容主要是提出索赔期限和依据，该条款有时合并在检验条款中，如：

买方对于装运货物的任何索赔，必须于货到提单所订目的地 ××天内提出，并须经卖方同意的公证机构出具检验报告。

ANY CLAIM BY THE BUYERS REGARDING THE GOODS SHIPPED SHALL BE FILED WITHIN ××DAYS AFTER THE ARRIVAL OF THE GOODS AT THE PORT OF DESTINATION SPECIFIED IN THE RELATIVE BILL OF LADING AND SUPPORTED BY A SURVEY REPORT ISSUED BY A SURVEYOR APPROVED BY THE SELLERS.

（10）不可抗力条款。不可抗力条款内容包括不可抗力事故的范围、事故的后果、发生事故后通知对方的方式、出具事故证明的机构等，如：

如因战争、火灾、地震、水灾、暴风雨等其他不可抗力的原因，致使卖方不能部分或全部装运或延迟装运，卖方对此均不负责，但卖方须用电报（电传）通知买方，并以航空信件向后者提出由中国国际贸易促进委员会出具证明该事件的证书。

IF THE SHIPMENT OF THE CONTRACTED GOODS IS PREVENTED OR DELAYED IN WHOLE OR IN PART BY REASON OF WAR, FIRE, EARTHQUAKE, FLOOD, FIRESTORM OR OTHER CAUSE OF FORCE MAJEURE, THE SELLERS SHALL NOT BE LIABLE FOR THE CONTRACT. HOWEVER, THE SELLERS SHALL NOTIFY THE BUYERS BY CABLE (OR TELEX) AND FURNISH THE LATTER BY REGISTERED AIR-MAIL WITH A CERTIFICATE ISSUED BY THE CHINA COUNCIL FOR THE PROMOTION OF INTERNATIONAL TRADE ATTESTING SUCH EVENT OR EVENTS.

（11）仲裁条款。我国进出口合同的仲裁有两种规定：一种由中国国际贸易促进委员会对外经济贸易仲裁委员会仲裁；另一种由被告人所在国或第三国仲裁。常见仲裁条款示例如下。

1）规定由中国国际贸易促进委员会对外经济贸易仲裁委员会仲裁的条款，如：

凡有关本合同所发生的一切争议，应通过友好协商解决，若通过协商达不成协议，则提交中国国际贸易促进委员会对外经济贸易仲裁委员会。仲裁在北京进行。该委员会的裁决是终局的，并对双方均有约束力，仲裁费由败诉方承担。

ALL DISPUTES IN CONNECTION WITH THIS CONTRACT SHALL BE SETTLED THROUGH FRIENDLY NEGOTIATION. IN CASE NO SETTLEMENT CAN BE REACHED THROUGH NEGOTIATION, THE CASE SHOULD THEN BE SUBMITTED TO THE FOREIGN TRADE ARBITRATION COMMISSION OF CHINA COUNCIL FOR THE PROMOTION OF INTERNATIONAL TRADE FOR ARBITRATION WITH ITS PROVISIONAL RULES OF PROCEDURE. THE ARBITRATION SHALL BE CONDUCTED IN BEIJING AND THE DECISION MADE BY THE SAID COMMISSION SHALL BE FINAL AND BINDING UPON BOTH PARTIES. THE ARBITRATION FEES SHALL BE BORNE BY THE LOSING PARTY.

2）由被告人所在国或第三国仲裁的条款，如：

有关合同的一切争议，应通过协商友好解决。如协商不能解决，应提交仲裁，仲裁应在被告人所在国进行，或者在双方同意的第三国进行。仲裁裁决是终局的，对双方均有约束力。

ALL DISPUTES IN CONNECTION WITH THIS CONTRACT SHALL BE SETTLED FRIENDLY THROUGH NEGOTIATION. IN CASE NO SETTLEMENT CAN BE REACHED THROUGH NEGOTIATION,THE CASE SHOULD THEN BE SUBMITTED FOR ARBITRATION. THE ARBITRATION SHALL TAKE PLACE IN THE COUNTRY WHERE THE DEFENDANT RESIDES OR IN THE THIRD COUNTRY MUTUALLY AGREED UPON BY BOTH PARTIES. THE DECISION OF ARBITRATION SHALL BE FINAL AND BINDING UPON BOTH PARTIES.

操作实训 1-2　书写商务信函

实训目的：掌握书写商务信函的一般要求。

实训要求：清晰、完整、正确地书写商务信函。

创鸿（香港）有限公司收到美国 I.C.ISAACS&CO.,LP 的来函，如图 1-1 所示。

I.C. ISAACS & CO., LP

3840 BANK STREET, BALTIMORE, MARYLAND 21224, U.S.A.

SUPERB AIM (HONG KONG) LTD　　May 15th, 2011
WESTERN DISTRICT BILLS CENTER
128 BONHAM STRAND E. H.K.

Dear Sirs:

We learned that you are manufacturers of polyester cotton bed-sheets and pillowcases from the internet. We'd like you to send us details of your various ranges and some samples. Please state the terms of payment and discounts you would allown on purchase of not less than 300 hundred of individual items.

We believed there is a promising market in our area for moderately priced goods.

We are looking forward to your favorable reply.

Yours truly
I.C. ISAACS & CO., LP
Jonathan Smith

图 1-1　I.C. ISAACS&CO., LP 的来函

请根据以上信函拟写一份回函，要求包括以下内容：产品的规格、价格和包装等资料可参见随寄的价目表；样品另寄；所提数量可以给2%的优惠；信用证付款。

操作实训 1-3 销售合同的撰写

实训目的：掌握销售合同撰写的一般要求。

实训要求：能够根据背景资料正确、完整地撰写销售合同。

1．以下是我国某公司对日本大阪（Osaka）ABC 公司出口饲料蚕豆合同中的主要交易条件，请用英文写出正确完整的合同条款。

品名及规格：饲料蚕豆（Feeding Broad Beans），良好平均品质

水分（Moisture）：15%

杂质（Admixture）：2%

数量：60 000 吨

包装：袋装

价格：每吨 200 元 CIF 班轮条件上海包括佣金

交货：2015 年 10 月 30 日装 3 000 吨

2015 年 11 月 30 日装 3 000 吨

保险：由卖方投保一切险、偷窃提货不着险、钩损险、战争险

支付：信用证支付

2．2015 年 10 月，上海新发展进出口贸易实业有限公司收到新加坡海外贸易有限公司（OVERSEAS TRADEING CORPORATION，SINGAPORE）电洽购美加净牙膏，货号为 NW101（MAXAM TOOTH PASTE, ART. No.NW101），其往来电文如图 1-2 所示。请根据双方磋商结果签订确认书一份。

Oct.9	Incoming	MAXAM TOOTH PASTE ART101 PLEASE CABLE PRESENT PRICE AND AVAILABLE QUANTITY FOR DEC.
Oct.10	Outgoing	YOURS NINTH MAXAM TOOTH PASTE ART No. NW101 IN CARTONS OF SIX DOZENS EACH REFERENCE PRICE HK DOLLARS 120 PER DOZ CIFC5% SINGAPORE SHIPMENT DEC.
	Incoming	YOURS TENTH INTERESTED 10000 CARTONS PLEASE OFFER FIRM.
Oct.12	Outgoing	YOURS ELEVENTH OFFER SUBJECT REPLY HERE THIRTEENTH 10000 CARTONS HKD 120 PER DOZ CIFC5% SINGAPORE PAYMENT BY IRREVOCABLE SIGHT L/C SHIPMENT WITHIN 30 DAYS AFTER RECEIPT L/C.
Oct.13	Incoming	YOURS TWELFTH HKD 115 PER DOZ INSURANCE 110 PERCENT INVOICE VALUE AGAINST ALL RISKS AND WAR RISKS PAYMENT BY L/C AT 30 DAYS SIGHT PLEASE CABLE REPLY IMMEDIATELY.
Oct.14	Outgoing	YOURS THIRTEENTH HKD 118 PAYMENT AS USUAL SIGHT CREDIT REPLY HERE FIFTEENTH.
Oct.15	Incoming	YOURS FOURTEENTH L/C OPENING PLEASE CABLE CONTRACT NUMBER.
Oct.16	Outgoing	YOURS FIFTEENTH S/C NUMBER 01XDTTD-14778.

图 1-2　双方往来电文

能力考核表

专业能力实训成绩考核表

专业能力	评估标准	分项成绩
1．交易磋商	（1）掌握发盘应具备的条件并能够正确撰写发盘	20
	（2）熟悉还盘的表达方法和接受应具备的条件	20
	（3）掌握 FOB、CFR、CIF 三种贸易术语的价格核算方法	10
	（4）正确核算佣金与折扣	10
2．国际贸易合同的签订	（1）掌握合同的主要条款	20
	（2）正确撰写销售合同	20
总成绩 Σ 100		
教师评语	签名： 年　　月　　日	
学生意见	签名： 年　　月　　日	

项目 2

结算单证

学习目标

知识目标

- 重点了解汇付、信用证等国际贸易结算方式。
- 了解与汇付、信用证结算相关的风险控制。
- 了解与汇付、信用证相关的国际惯例。
- 掌握结算中的单据填制。

能力目标

工作任务	能力目标
汇付流程认知及汇付票据的填制	1．了解汇付 2．掌握汇付的业务流程 3．掌握电汇申请表的填写要点
信用证的认知	1．了解信用证 2．了解相关国际惯例 3．了解跟单信用证的业务流程 4．掌握开证申请书的填制 5．掌握信用证审核准则 6．掌握信用证的修改

随着信息技术的飞速发展，国际货款的支付方式由汇付、托收和信用证三种慢慢精简成汇付（以电汇为主）和跟单信用证两种。本项目的实训内容将着重围绕现今常用的这两种支付方式而展开。

任务 1　汇付流程认知及汇付票据的填制

2.1.1　汇付的含义

汇付（Remittance）即汇款，指付款人主动通过银行或其他途径将款项汇给收款人，属于商业信用。在国际贸易中，一般由买方按合同约定将款项通过银行汇给卖方。

2.1.2　汇付的当事人

1．汇款人（Remitter）

汇款人即付款人，指汇出款项的人或企业，国际贸易中通常为进口商。

2．收款人（Payee）

收款人，国际贸易中通常为出口商。

3．汇出行（Remitting Bank）

汇出行是受汇款人委托汇出款项的银行，即进口地银行，也称买方银行。

4．汇入行（Paying Bank）

汇入行即受汇出行委托解付汇款的银行，也称解付行、出口地银行或卖方银行。

2.1.3　汇付的种类

1．电汇（Telegraphic Transfer, T/T）

电汇是指汇出行应汇款人的申请，用电报、电传或 SWIFT 通知其在国外的分行或代理行（汇入行），向指定收款人解付一定金额。电汇速度快、安全、可靠，但费用较高。目前电汇一般通过 SWIFT 系统进行，是现今最常用的国际货款结算方式之一。

2．信汇（Mail Transfer, M/T）

信汇是指汇出行应汇款人的申请，将信汇委托书寄给汇入行，授权其向指定收款人解付一定金额。信汇无须发电报，费用比电汇低，但收款时间慢。目前信汇正逐渐被电汇所替代，在实务中已较少使用。

3．票汇（Demand Draft，D/D）

票汇是指付款人向本地银行购买银行汇票，自行寄给收款人，收款人凭此票向汇票上指定的银行（一般是汇出行的分行或代理行）取款的一种汇款方式。票汇的汇入行无须通知收款人提款，由收款人持票登门；且银行汇票经收款人背书后，可在市场上流通转让。

在国际贸易中，一些从属性费用或小额款项，如佣金、尾款和样品出售等，常常采用票汇的付款方式。

2.1.4　汇付的业务流程

1．电汇与信汇的业务流程

电汇与信汇的业务流程如图 2-1 所示。

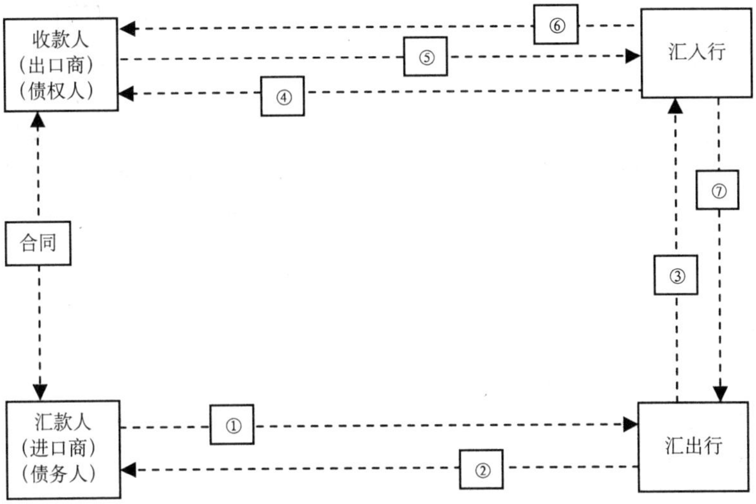

图 2-1　电汇与信汇的业务流程

流程说明如下。

① 提交电/信汇申请书并交款付费。

② 寄出回单。

③ 通知电/信汇款。

④ 发出汇款通知。

⑤ 递交收据。

⑥ 付款。

⑦ 付讫借记通知。

2．票汇的业务流程

票汇的业务流程如图 2-2 所示。

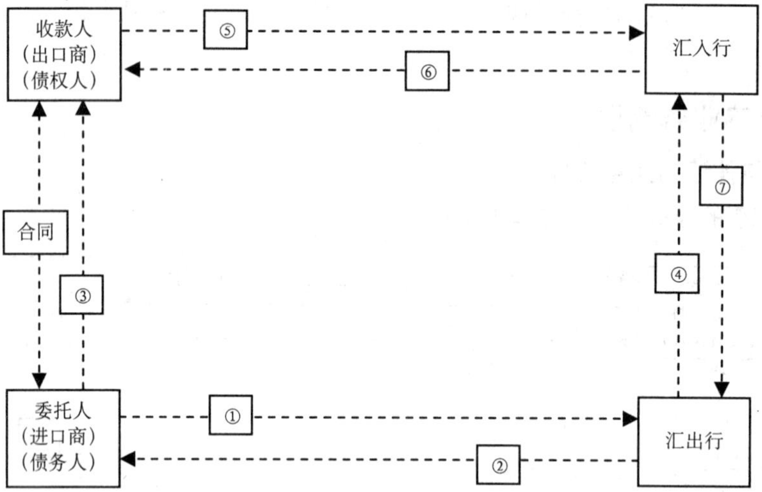

图 2-2　票汇的业务流程

流程说明如下。

① 提交汇票申请书并交款付费。

② 发出银行即期汇票。

③ 寄出银行即期汇票。

④ 发出票汇通知书。

⑤ 提交银行即期汇票。

⑥ 付款。

⑦ 付讫借记通知。

2.1.5　汇付的方式

汇付属于商业信用。当进出口双方对对方资信比较有把握时，可以使用汇付方式付款。这种付款方式手续简单、费用相对较低。在国际贸易合同中，要明确规定汇款的到达时间和选用的汇付方式。

从付款的时间点上来说，汇付通常有预付货款、货到付款和双汇付三种方式。

1．预付货款（Payment in Advance）

预付货款俗称“前 T/T”。这是进口商将货款的全部或部分通过汇付的形式交给出口商，出口商收款后在规定时间内发运货物的结算方式。预付货款是一种有利于出口商的支付方式，对于进口商是十分不利的。

2．货到付款（Payment After Arrival of Goods）

货到付款俗称“后 T/T”。这是出口商按合同规定先发送货物，进口商在收到货物确认无误后，在规定时间内付款的结算方式。货到付款实际上就是赊销（Open Account，O/A），或称延期付款（Deferred Payment）。使用这种支付方式，出口商要承担较大的钱货两空的风险。

3．双汇付（前 T/T + 后 T/T）

从风险的角度考虑，在国际贸易的支付中，如果单独使用预付货款或货到付款，则使得风险过分集中于买卖双方的其中一方。因此，在实际运用中普遍使用的方法是双汇付。在双方签订国际买卖合同之后，在生产或装船之前，买方在规定期限内支付 20%～30%的预付货款作为定金，即前 T/T；买方在收到电传提单之后电汇余款，并将电汇收据电传给卖方以换取正本提单，即后 T/T。

操作实训 2-1 汇付电汇申请表的填制

实训目的：了解汇付电汇申请表的填制要点。

实训要求：假设你为法国 ERTEDIS 进出口公司工作，从香港一家公司进口一批货物。请根据以下商业发票（见表 2-1），正确填制渣打银行电汇申请表（见表 2-2）。

表 2-1　商业发票

GROUP LEA LIMITED

17/F, Kam Commercial Building , 2-4 Tin Lok Lane

Wanchai, Hong Kong

TEL: (852) 2575 0000　　　FAX: (852) 2574 1111

E-mail: cfrank@netgato.com

COMMERCIAL INVOICE

GGL/126/2013

TO: ERTEDIS　　　**PAGE: 1/1**

8 allée des souches,

78260 ACHERES, FRANCE　　　**DATE: 24-Nov-13**

WE HEREBY CONFIRM HAVING SELL TO YOU THE FOLLOWING GOODS ON TERMS AND CONDITIONS SET BELOW :

PAYMENT: TT against documents

Shipment: FOB Xiamen to ANTWERP by Sea

PI according to Order PO 109310

Item code	DESCRIPTION OF GOODS	Packing	Packing PCB	QUATITY (PCS)	UNIT PRICE (USD)FOB	AMOUNT(USD) FOB Xiamen
850200	Banane	non stuffy	6	1026	2.67	¥ 2,739.42
			QTY		USD	**¥ 2,739.42**

Remarks

Shipment information

Bank info: Standard Chartered Bank (Hong Kong) Limited
G/F SHOP
42-43 CITYPLAZA 2, TAI KOO, Hong Kong
ACCONT: GROUP LEAD LIMITED
A/C NO. 308-1-019651-1
SWIFT CODE: SCBLHKHHXXX

Consignee: ERTEDIS
8 allée des souches,
78260 ACHERES, FRANCE

Notify Party Same as consignee

Shipment ON/Before 25 JAN 2014 (before Chinese new year)
One Sea Shipment

Destination From Xiamen China to Le Havre France

Fowarder

Collyer Logistics North China Limited Xiamen Branch
Room 1903,Insurance Building ,68# Hubin Road,Siming District, Xiamen
Carrie Zhuang
Customer Service
+86 592 5319500
(M): +86-13395021135

表 2-2　渣打银行电汇申请表

【REMITTANCE APPLICATION FORM】
电汇申请表　　　　Standard Chartered

Please "√"where applicable. 请在适当空格内加"√"
*** Indicates mandatory information to be provided *为必填信息**

Branch 分行 ______　　**Date*** 申请日期 ______

Applicant' s Information (Sender) 申请人资料

Name of Sender* 申请人姓名 ______
Address 地址 ______
Resident 是否香港居民 ☐ Yes 是 ☐ No 否　ID/Passport No. 身份证/护照号码 ______　Telephone No. 联络电话号码 ______

Transer Instructions 汇款指示

Payment Method 付款方法 ☐ From Account 由账户扣除 ☐ Others（specify）其他方法（请说明）

Debit A/C No.* 支付汇款金额之账户号码　Currency 货币 ______　Account 账户号码 ______
Charges Debit A/C No.* 支付汇款费用之账户号码　Currency 货币 ______　Account 账户号码 ______

Please enter amount to be remitted or equivalent currency to be converted* 请填写汇款金额或其他货币之相应金额
Remittance of 汇款　Currency 货币 ______　Account 账户号码 ______
In Words ______
OR 或
Equivalent of 等值　Currency 货币 ______　Account 账户号码 ______

32A	Value Date 交易日		
56A	Intermediary Bank 中间银行 Optional-for routing payment to Beneficiary Bank 如适用-用于将汇款发送至收款人银行	Name 名称 ______ Address 地址 ______ Country 国家 ______	Code ______
57	Beneficiary's Bank 收款人银行	**Name*** 名称 ______ **Address*** 地址 ______ **Country*** 国家 ______	Code ______
59	Beneficiary 收款人	**Name*** 名称 ______ Address 地址 ______ **Country*** 国家 ______	**Account No*/IBAN** 账户号码/IBAN ______
70	Details of Payment 给收款人的附言		
71	☐ All local and overseas charges borne by beneficiary (BEN) 所有本地及海外收费由收款人支付	OR ☐ All local and overseas charges borne by remitter (OUR) 所有本地及海外收费由汇款人支付	OR ☐ All local charges borne by remitter & overseas charges by beneficiary (SHA) 本地收费由汇款人支付及海外收费由收

Contract Details (As Applicable) 外汇合约信息（如适用）

Forward Contract / Treasury Deal No: 外汇合约号码 ______　FX rates: 外汇汇率: ______　Dealer's Name: 交易员姓名 ______

Customer's Signature 申请人签名

I/We authorise the bank to debit the above monies for the lawful purpose detailed above and agree to abide by the Terms and Conditions printed overleaf.
本人/吾等授权贵行扣除以上金额之汇款用作合法用途并同意遵守背页所载之规章及条例。

Customer'signature 申请人签名 ______

Do not write on this area 请勿在此栏书写

☐ A copy of the SWIFT (MT103)is required. The charges are to be debited to account no:
本人/吾欲索取SWIFT（MT103）副本并同意于此账户扣除有关费用: ______

Please Fax to: 传真号码: ______

操作实训 2-2 电汇案例分析

实训目的：了解并能够有效规避电汇交易的风险。

实训要求：请分析以下案例，并给出在未来遇到这种情况时的可行性规避风险方案。

2013 年，山东一家进出口公司与日本下关的一家农产品进出口公司签订了一笔进出口合同，向日本出口大蒜。合同规定，发货日期不迟于 2013 年 7 月 15 日，价格为 CFR 价格，每公吨 450 美元，装运港为青岛，目的港为日本门司港。合同对货物规格、包装和运输做了很详尽的规定。日方提出鉴于双方是第一次合作，交易数量很小，所以在付款方式上希望采用电汇方式。

中方按期将货物装船发运，并将提单通过电子邮件传至日本公司。但由于时值周末，中方公司没有获得日本公司的反馈。周一，日方公司告知提单邮件已收到，但提单号码无法辨认，请中方公司确认。中方公司在当日下午把确认后的号码传给了日本公司。日本公司答应第二天便办理汇款。

第二天刚上班，日本公司发来邮件，称已对到港货物进行了检验，并对货物在规格上提出了异议，认为规格不符合要求，同时表示不能立即支付货款。中方公司立即对该问题进行了调查，提出了合理的解释，并请求对方谅解。但日方仍然以货物规格偏小导致无法销售为由，坚持要求中方在价格上做出进一步减让。双方陷入僵局。

操作实训 2-3 查找 SWIFT CODE

实训目的：了解什么是 SWIFT，并掌握查找 SWIFT CODE 的方法。

实训要求：请用两种不同的方法查找以下银行的 SWIFT CODE，并详细写出查找过程。

1．交通银行（上海）
2．建设银行（北京）
3．花旗银行（香港）
4．里昂信贷银行（巴黎）

任务 2 信用证的认知

2.2.1 信用证简介

汇付利用的是商业信用，银行虽然参与业务流程，但只是提供服务，并不承担任何风险。而信用证则利用了银行信用，把由进口商履行的付款责任转为由银行完成，保证出口商可以安全、迅速地收到货款，而进口商可以按时收到货运单据。因此，信用证支付在一定程度上解决了进出口双方之间互不信任的矛盾，同时，也为进出口双方提供了资金融通的便利。所以，信用证自出现以来得到了极快的发展，成为国际贸易中的主要支付方式之一。

信用证是银行有条件保证付款的证书。按照这种结算方式的一般规定，买方先将货款交存银行，由银行开立信用证，通知异地卖方开户银行转告卖方，卖方按合同和信用证规定的条款发货，银行代买方付款。

在国际贸易实务中，信用证可以作为支付方式单独使用，也可以与汇付结合使用。

2.2.2　信用证的当事人

1．信用证申请人（Applicant）

信用证申请人也称开证申请人，是向银行提交申请书申请开立信用证的人，一般为进出口贸易业务中的进口商。

2．信用证开证行（Issuing Bank）

信用证开证行简称开证行，是应开证申请人（进口商）的要求向受益人（出口商）开立信用证的银行。该银行一般是申请人的开户银行。

3．信用证受益人（Beneficiary）

信用证受益人简称受益人，是开证行在信用证中授权使用和执行信用证并享受信用证所赋予的权益的人。受益人一般为出口商。

4．信用证保兑行（Confirming Bank）

信用证保兑行简称保兑行，是应开证行或受益人的请求，在开证行的付款保证之外对信用证进行保证付款的银行。

5．信用证通知行（Advising Bank）

信用证通知行简称通知行，是受开证行的委托，将信用证通知给受益人的银行，它一般为开证行在出口地的代理行或分行。

6．信用证付款行（Paying Bank / Drawee Bank）

信用证付款行简称付款行，是开证行在承兑信用证中指定并授权向受益人承担（无追索权）付款责任的银行。

7．信用证承兑行（Accepting Bank）

信用证承兑行简称承兑行，是开证行在承兑信用证中指定的并授权承兑信用证项下汇票的银行。在远期信用证项下，承兑行可以是开证行本身，也可以是开证行指定的另一家银行。

8．信用证议付行（Negotiating Bank）

信用证议付行简称议付行，是根据开证行在议付信用证中的授权，买进受益人提交的汇票和单据的银行。

9．信用证偿付行（Reimbursing Bank）

信用证偿付行简称偿付行，是接受开证行的委托，代开证行向议付行或付款行清偿垫款的银行（也称清算行）。偿付行只负责付款而不负责审单。

10．信用证转让行（Transferring Bank）

信用证转让行简称转让行，是应第一受益人的要求，将可转让信用证转让给第二受益人的银行。转让行一般为信用证通知行。

2.2.3 信用证的分类

信用证可以从以下不同的角度进行分类。

1．按信用证项下的汇票是否附有货运单据分类

（1）跟单信用证（Documentary Credit)。跟单信用证是凭跟单汇票或仅凭单据付款的信用证。此处的单据指代表货物所有权的单据（如海运提单等），或证明货物已交运的单据（如铁路运单、航空运单、邮包收据）。国际贸易所使用的信用证，绝大多数为跟单信用证。

（2）光票信用证（Clean Credit）光票信用证是凭不随附货运单据的光票（Clean Draft）付款的信用证。银行凭光票信用证付款，也可要求受益人附交一些非货运单据，如发票、垫款清单等。

2．按开证行所负的责任分类

（1）不可撤销信用证（Irrevocable L/C)。不可撤销信用证是指信用证一经开出，在有效期内，未经受益人及有关当事人的同意，开证行不能片面修改和撤销信用证。只要受益人提供的单据符合信用证规定，开证行必须履行付款义务。

（2）可撤销信用证（Revocable L/C)。可撤销信用证是指开证行不必征得受益人或有关当事人同意，有权随时撤销的信用证。应在信用证上注明“可撤销”字样。

《UCP 600》(《跟单信用证统一惯例》）规定银行不可开立可撤销信用证。

3．按有无另一银行加以保证兑付分类

（1）保兑信用证（Confirmed L/C)。保兑信用证是指开证行开出的信用证，由另一银行保证对符合信用证条款规定的单据履行付款义务。对信用证加以保兑的银行称为保兑行。

（2）不保兑信用证（Unconfirmed L/C)。不保兑信用证是指开证行开出的信用证没有经另一家银行保兑。

4．按受益人对信用证的权利可否转让分类

（1）可转让信用证（Transferable L/C)。可转让信用证是指信用证的受益人（第一受益人）可以要求转让行，或者当信用证是自由议付时，可以要求信用证中特别授权的转让行，将信用证全部或部分转让给一个或数个受益人（第二受益人）使用的信用证。开证行在信用证中要明确注明“可转让”（Transferable），且只能转让一次。转让行是指授权付款、承担延期付款责任，承兑或议付的银行。

（2）不可转让信用证（Untransferable L/C）。不可转让信用证是指受益人不能将信用证的权利转让给他人的信用证。凡信用证中未注明“可转让”，即不可转让信用证。

5. 按兑用方式分类

《UCP 600》第 6 条 b 规定：“信用证必须规定其是以即期付款、延期付款、承兑还是议付的方式兑用。”依据兑用方式，信用证可分为以下四种。

（1）即期付款信用证（Sight Payment Credit）。此种信用证一般不需要汇票，只凭货运单据付款，证中通常注明“Available by Payment”字样。这种信用证常被欧洲国家使用，证中一般列有“当受益人提交规定单据时，即行付款”的保证文句。

（2）延期付款信用证（Deferred Payment Credit）。延期付款信用证也称无汇票远期信用证，是指不需要汇票，仅凭单据付款的远期信用证。证中通常注明“Available by Deferred Payment”字样。延期付款信用证通常适用于进出口大型机电成套设备。

（3）承兑信用证（Acceptance Credit）。承兑信用证是指银行在收到符合信用证规定的远期汇票和单据后，先履行承兑手续，再于汇票到期日付款的信用证。证中通常注明“Available by Acceptance”字样。

（4）议付信用证（Negotiation Credit）。议付信用证是指允许受益人向某一指定银行或任何银行交单议付的信用证。证中通常注明“Available by Negotiation”字样。只能在某一指定银行办理议付的信用证称为限制议付信用证（Restricted Negotiation Credit）；在任何银行均可办理议付的信用证称为自由议付信用证（Open Negotiation Credit）。

议付（Negotiation）也称出口押汇，是指由被授权议付的银行对汇票/单据付出对价。如果只审查单据而不支付对价，并不构成议付。议付行是准备向信用证受益人购买信用证下单据的银行。议付行可以是通知行或其他被指定的愿意议付该信用证的银行，一般是出口商所在地银行。

6. 按信用证的特殊用途分类

（1）循环信用证（Revolving L/C）。循环信用证是指信用证被全部或部分使用后，其金额又恢复到原金额，可再次使用，直至达到规定的次数或规定的总金额为止。它通常在分批均匀交货情况下使用。在按金额循环的信用证条件下，恢复到原金额的具体做法如下。

1）自动循环。每期用完一定金额，不需等待开证行的通知，即可自动恢复到原金额。

2）非自动循环。每期用完一定金额后，必须等待开证行通知到达，信用证才能恢复到原金额使用。

3）半自动循环。每次用完一定金额后若干天内，开证行未提出停止循环使用的通知，自第×天起即可自动恢复至原金额。

（2）对开信用证（Reciprocal L/C）。对开信用证是指两张信用证申请人互以对方为受益人而开立的信用证。两张信用证的金额相等或大体相等，可同时互开，也可先后开立。它多用于易货贸易或来料加工和补偿贸易业务。

（3）背对背信用证（Back to Back L/C）。背对背信用证也称转开信用证，是指受益人要求原证的通知行或其他银行以原证为基础，另开一张内容相似的新信用证。背对背信用证的开证行只能根据不可撤销信用证来开立。背对背信用证的开立通常是中间商转售他人货物，或者两国不能直接办理进出口贸易时，通过第三者以此种办法来沟通贸易。原信用证的金额（单价）应高于背对背信用证的金额（单价），背对背信用证的装运期应早于原信用证的规定。

（4）预支信用证/打包信用证（Anticipatory Credit/Packing Credit）。预支信用证/打包信用证是指开证行授权通知行向受益人预付信用证金额的全部或一部分，由开证行保证偿还并负担利息，即开证行付款在前，受益人交单在后，与远期信用证相反。预支信用证凭出口人的光票付款，也可以要求受益人附一份负责补交信用证规定单据的说明书。当货运单据交到后，付款行在付给剩余货款时，将扣除预支货款的利息。

（5）备用信用证（Standby L/C）。备用信用证也称商业票据信用证（Commercial Paper Credit）、担保信用证，是银行应开证人的请求向受益人开立的、保证履行某项义务的书面文件。它是银行信用，对受益人来说是备用于开证人违约时取得补偿的一种方式。

备用信用证是在某些国家禁止银行开立保函的情况下产生的，其作用相当于银行保函，通常作为赊销（O/A）、承兑交单（D/A）等商业信用结算方式的担保，即受益人首先通过汇付、托收等形式收取货款，当收款失败后再寻求备用信用证的保护。因此，有经验的贸易商会在利用 O/A、D/A 的竞争优势的同时，再通过备用信用证获得来自银行的风险保障。

（6）银行保函（Letter of Guarantee, L/G）。银行保函简称保函，也称保证书，是指银行、保险公司、担保公司或担保人应申请人的请求，向受益人开立的一种书面信用担保凭证，保证在申请人未能按双方协议履行其责任或义务时，由担保人代其履行一定金额、一定时限范围内的某种支付或经济赔偿责任。银行保函是由银行开立的承担付款责任的一种担保凭证，银行根据保函的规定承担绝对付款责任。银行保函大多属于“见索即付”（无条件保函），是不可撤销的文件。

把保函与跟单信用证相比，当事人的权利和义务基本相同，所不同的是跟单信用证要求受益人提交的单据是包括运输单据在内的商业单据，而保函要求的单据实际上是受益人出具的关于委托人违约的声明或证明。这一区别使两者适用范围有了很大的不同。保函可适用于各种经济交易中，为契约的一方向另一方提供担保。而跟单信用证则只适用于国际货物买卖。另外，如果委托人没有违约，保函的担保人就不必为承担赔偿责任而付款，而信用证的开证行则必须先行付款。

2.2.4　跟单信用证的业务流程

简而言之，信用证是一种银行开立的有条件的书面付款承诺，具体的条件就是受益人必须提交符合信用证规定的各种单据。图 2-3 显示了跟单信用证的业务流程。

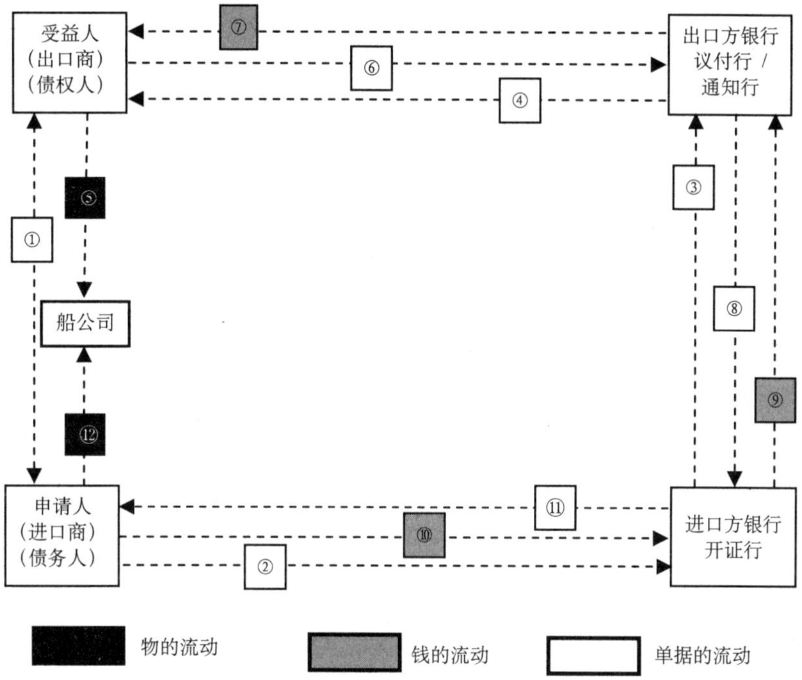

图 2-3　跟单信用证的业务流程

流程说明如下。

① 签订买卖合同，注明以信用证方式进行支付。

② 递交开证申请书。

③ 开出信用证。

④ 通知信用证开立。

⑤ 装船。

⑥ 交单。

⑦ 垫付货款。

⑧ 寄出汇票、单据。

⑨ 偿付。

⑩ 付款。

⑪ 赎单。

⑫ 交单提货。

2.2.5 信用证的特点

1．开证行负第一付款责任

信用证支付方式是以银行信用作保证的，因此，开证行应承担第一位的付款责任。按《UCP 600》的规定，在信用证业务中，开证行对受益人的付款责任是首要的、独立的。即使开证人事后丧失偿付能力，只要出口人提交的单据符合信用证条款，开证行也必须承担付款责任。

2．信用证是一项独立文件

信用证不依附于贸易合同。信用证通常是依据贸易合同开立的，但信用证一经开出，就成为独立于合同之外的另一种契约，不受合同约束。银行在审核单据时只需对照信用证，如果受益人的交单与合同要求一致而与信用证不符，仍会遭到银行的拒付。

3．信用证业务只处理单据

信用证业务与货物无关。银行处理信用证业务只凭单据，不过问货物的真实情况。银行以受益人提交的单据是否与信用证条款相符为依据，决定是否付款。如开证行拒付，也必须以单据上的不符点为由。

2.2.6 信用证的作用

1．担保付款作用

由于一国的卖方不了解另一国的买方的信誉和支付能力，只有在先付货款，或者有银行信用证的条件下才会发货。因为买方银行的信用提供了担保，银行一定会向卖方付款。

2．融资作用

卖方在信用证到期前急需用款时，可以将该信用证质押到第三人（或银行）处以取得贷款。买方也可以申请银行垫款，提出信用。

3．便利作用

信用证除了有担保付款和提供融资的服务外，还对买卖双方有便利的作用。双方的资信调查、担保登记或质押办理、付款的安排等都被信用证简化了。

2.2.7　跟单信用证的主要内容与格式

1．跟单信用证的主要内容

信用证分为光票信用证与跟单信用证两种。因为光票信用证极少使用，我们以跟单信用证为主来进行说明。跟单信用证虽然是国际贸易中的一种主要支付方式，但它并无官方规定的统一格式。不过其主要内容基本上是相同的，大体包括以下几个方面。

（1）对信用证自身的说明，包括信用证的种类、性质、编号、金额、开证日期、有效期及到期地点、当事人的名称和地址、使用本信用证的权利可否转让等。

（2）汇票的出票人、付款人、期限及出票条款等。

（3）货物的名称、品质、规格、数量、包装、运输标志、单价等。

（4）对运输的要求，包括装运期限、装运港、目的港、运输方式、运费应否预付、可否分批装运和中途转运等。

（5）对单据的要求，包括单据的种类、名称、内容和份数等。

（6）特殊条款。根据进口国政治经济贸易情况的变化或每笔具体业务的需要，可做出不同的规定。

（7）开证行对受益人和汇票持有人保证付款的责任文句。

（8）目前开证行较常采用电信的方式开立和传递信用证。一般都通过 SWIFT 系统，根据“环银电协”提供的标准电文格式 MT700/701 开立。

2．跟单信用证的格式

（1）项目表示方式。SWIFT 由项目（FIELD）组成。例如，59 BENEFICIARY（受益人），就是一个项目，59 是项目的代号，可以用两位数字表示，也可以用两位数字加上字母来表示，如 51A APPLICANT（申请人）。不同的代号表示不同的含义。项目还规定了一定的格式，各种 SWIFT 电文都必须按照这种格式表示。

（2）日期表示方式。SWIFT 电文的日期表示为 YYMMDD（年年月月日日）。例如，2015 年 3 月 15 日，表示为 150315。

（3）数字表示方式。在 SWIFT 电文中，数字不使用分格号，小数点用逗号“，”来分割。例如，5,152,286.36 表示为 5152286,36；4/5 表示为 0,8；5% 表示为 5 PERCENT。

（4）货币表示方式。在 SWIFT 电文中，货币使用缩写的形式表示。例如，澳大利亚元表示为 AUD；比利时法郎表示为 BEF；加拿大元表示为 CAD；人民币表示为 CNY；美元表示为 USD；日元表示为 JPY，等等。

（5）跟单信用证开证常见项目。在 SWIFT 电文中，一些项目是必选项目（MANDATORY FIELD），一些项目是可选项目（OPTIONAL FIELD）。必选项目是必须要具备的，如 31D DATE AND PLACE OF EXPIRY（到期日和到期地）；可选项目是另外增加的项目，并不一定每个信用证都有，如 39B MAXIMUM CREDIT AMOUNT（信用证最大限制金额）。表 2-3

列出了跟单信用证常用的项目内容及其解释。

表 2-3 跟单信用证常用项目

依据 MT700/701 格式，在申请开立跟单信用证时，可有以下内容。
必选 20 DOCUMENTARY CREDIT NUMBER（信用证号码）
可选 23 REFERENCE TO PRE-ADVICE（预先通知号码。如果信用证采取预先通知的方式，该项目内应该填入“PREADV/”，再加上预先通知的编号或日期）
必选 27 SEQUENCE OF TOTAL（电文页次）
可选 31C DATE OF ISSUE（开证日期。如果这项没有填，则开证日期为电文的发送日期）
必选 31D DATE AND PLACE OF EXPIRY（信用证的到期日和到期地。该日期为最后交单的日期）
必选 32B CURRENCY CODE, AMOUNT（信用证结算的货币和金额）
可选 39A PERCENTAGE CREDIT AMOUNT TOLERANCE（信用证金额上下浮动允许的最大范围。该项目的表示方法较为特殊，数值表示百分比的数值，如 5/5，表示上下浮动最大为 5%）
可选 39B MAXIMUM CREDIT AMOUNT（信用证最大限制金额。39B 与 39A 不能同时出现）
可选 39C ADDITIONAL AMOUNTS COVERED（额外金额。表示信用证所涉及的保险费、利息、运费等金额）
必选 40A FORM OF DOCUMENTARY CREDIT（跟单信用证形式。跟单信用证有以下六种形式）
(1) IRREVOCABLE（不可撤销跟单信用证）
(2) REVOCABLE（可撤销跟单信用证）
(3) IRREVOCABLE TRANSFERABLE（不可撤销可转让跟单信用证）
(4) REVOCABLE TRANSFERABLE（可撤销可转让跟单信用证）
(5) IRREVOCABLE STANDBY（不可撤销备用信用证）
(6) REVOCABLE STANDBY（可撤销备用信用证）
必选 41A AVAILABLE WITH...BY...（指定的有关银行及信用证兑付的方式。说明如下）
(1) 指定银行作为付款、承兑、议付。
(2) 兑付的方式有五种：BY PAYMENT（即期付款）；BY ACCEPTANCE（远期承兑）；BY NEGOTIATION（议付）；BY DEF PAYMENT（迟期付款）；BY MIXED PAYMENT（混合付款）。
(3) 如果是自由议付信用证，对该信用证的议付地点不做限制，该项目代号为 41D，内容为 ANYBANKIN。
可选 42A DRAWEE（汇票付款人。必须与 42C 同时出现）
可选 42C DRAFTS AT（汇票付款日期。必须与 42A 同时出现）
可选 42M MIXED PAYMENT DETAILS（混合付款条款）
可选 42P DEFERRED PAYMENT DETAILS（迟期付款条款）
可选 43P PARTIAL SHIPMENTS（分装条款。表示该信用证的货物是否可以分批装运）

续表

可选 43T TRANSSHIPMENT（转运条款。表示该信用证是直接到达，还是通过转运到达）
可选 44A LOADING ON BOARD/DISPATCH/TAKING IN CHARGE AT/FROM（装船、发运和接受监管的地点）
可选 44B FOR TRANSPORTATION TO...（货物发运的最终地）
可选 44C LATEST DATE OF SHIPMENT（最后装船期。44C 与 44D 不能同时出现）
可选 44D SHIPMENTPERIOD（船期。44C 与 44D 不能同时出现）
可选 45A DESCRIPTION OF GOODS AND/OR SERVICES（货物描述。货物的情况、价格条款）
可选 46A DOCUMENTS REQUIRED（单据要求。各种单据的要求）
可选 47A ADDITIONAL CONDITIONS（特别条款）
可选 48 PERIOD FOR PRESENTATION（交单期限。表明开立运输单据后多少天内交单）
必选 49 CONFIRMATION INSTRUCTIONS（保兑指示。其中说明如下）
(1) CONFIRM（要求保兑行保兑该信用证）
(2) MAY ADD（收报行可以对该信用证加具保兑）
(3) WITHOUT（不要求收报行保兑该信用证）
必选 50 APPLICANT（信用证开证申请人。一般为进口商）
可选 51A APPLICANT BANK（信用证开证行）
可选 53A REIMBURSEMENT BANK（偿付行）
可选 57A “ADVISE THROUGH” BANK（通知行）
必选 59 BENEFICIARY（信用证受益人。一般为出口商）
可选 71B CHARGES（费用情况。表明费用是否由受益人出，如果没有这一条，表示除了议付费、转让费以外，其他各种费用由开出信用证的申请人出）
可选 72 SENDER TO RECEIVER INFORMATION（附言）
可选 78 INSTRUCTION TO THE PAYING/ACCEPTING/NEGOTIATING BANK（给付款行、承兑行、议付行的指示）

2.2.8 开立信用证申请书

在实务中，进口商应该以申请人的身份向自己的银行（开证行）提交正式的开立信用证申请书（简称开证申请书）。开证申请书没有规定的统一格式，可以使用自己公司制作的申请书，也可以使用银行提供的申请书范本。开证申请书要求内容清晰、全面，原则上应包含信用证的全部项目以便选择。

2.2.9 信用证审核准则

1．按照《UCP 600》的规定审单

《UCP 600》是确保在世界范围内将信用证作为可靠支付手段的准则，已被大多数国家与地区接受和使用。《UCP 600》所体现出来的国际标准银行惯例是各国银行处理结算业务必须遵循的基本准则。我们必须按照《UCP 600》的要求，合理、谨慎地审核信用证要求的所有单据，以确定其表面上是否与信用证条款相符。

2．按照信用证所规定的条件、条款审单

信用证是根据买卖双方的贸易合同而开立的，它一旦为各有关当事人所接受，即成为各有关当事人必须遵循的契约性文件。在信用证结算业务中，各有关当事人必须受其约束，按照信用证所规定的条件、条款，逐条对照，以确定单据是否满足信用证的要求。当信用证的规定与《UCP 600》有抵触时，则应遵循信用证优先于《UCP 600》的原则，按照信用证的要求审核单据。这其中又包括表面一致性和内容相符性两条原则。

（1）遵循表面一致性原则。受益人提交的单据名称及其内容等表面上必须与信用证规定完全一致。例如，某信用证将货物描述为 ATTACHES SANITAIRE（卫生洁具附件），而受益人具体的货物为 EXPASION BOLT（膨胀螺栓）。虽然如此，有关单据中货物描述仍必须与信用证的规定相一致。可能有的单据因某种特殊作用如清关报税等需显示具体货名，我们仍必须将信用证所规定的 ATTACHES SANITAIRE 显示在其上，而在其后加注具体货名 EXPASION BOLT。

（2）遵循内容相符性原则。在审单时应注意避免照搬、照抄信用证的原话，只要内容相符即可。例如，信用证的有关人称指向、时态、语态等，转到单据上时，即应作相应的调整，以避免不必要的误会。

3．按照银行的经营思想、操作规程审单

国际贸易结算作为银行经营的一项重要业务，在操作过程中，必须按照银行的有关操作规程行事。尤其在向客户融资时，更应明确银行的观点和看法，对单据有关条目的处理做出自己的选择和判断，以体现银行的经营方针和经营作风。

4．按照普遍联系的观点，结合上下文内容审单

信用证是一种与商务合同分离的独立文件，其内容是完整的、互为联系的。其中要求的条件、单据等是相辅相成、前后一贯的。审单时必须遵循普遍联系的观点，结合上下文内容进行，避免片面、孤立地看待某一条款。例如，欧洲某国某公司开来一信用证，要求提交的单据中有一项是 CERTIFICATE OF ORIGIN（原产地证），而在后文中又要求受益人将正本 GSP CERTIFICATE OF ORIGIN FORM A（普惠制原产地证）寄交开证申请人。结合上下文内容，我们就能判断出信用证要求向银行提交的是副本 GSP CERTIFICATE OF ORIGIN（普惠制原产地证），而非一般的原产地证。

5．按照合情、合理、合法的原则审单

所谓合情、合理、合法是指审单员应根据自己所掌握的国际贸易结算知识，对各种单据的完整性和准确性做出合乎情理的判断。例如，普惠制产地证是施惠国赋予受惠国出口货物减免的一种优惠凭证，其“收货人”一栏应填写最终买主。如信用证未作明确规定，我们应根据提单的收货人、通知人及货至目的地对最终买主做出合理的选择。

6．按照单据的商业功能和结算功能相统一的原则审单

单据的商业功能即其在商务流转及商品买卖过程中的作用是主要的，结算功能是次要的，审单时应着重考虑其商业功能并兼顾其结算功能。我们应该了解各类单据的作用及功能，按照各类单据自身的功能及用途审单，避免将不必要的内容强加于单据。

为了谨慎起见，在审核信用证的同时，应该认真填写《信用证审核表》（见表 2-4），为之后的工作做好准备。

表 2-4　信用证审核表样本

20 信用证号	LLCPDX002148	31C 开证日期	20140401	40A 信用证形式	撤销、可转让
32B 金额	USD 201,780.00	31D 有效期/地点	20140731 中国	44C 最后船期	20140710
51A 开证行	U.S. BANK				
50 开证人	THE OUTDOOR RECREATION GROUP				
59 受益人	JIANGSU GTIG EASTSTAR CO.,LTD.				
44A 发运地	任何中国港口	44B 目的地	美国长滩	48 交单期	1 天内并在效期内
43P 分装	允许	43T 转运	允许	41D 议付	中国银行议付
42C 付款时间	***见票后 30 天，注意与合同不一致，必须修改***				
42D 付款人	U.S. BANK NATIONAL ASSOCIATION,PORTLAND,OREGON				
45A 货物描述	CIF LONG BEACH ,CA　USA COTTON SHIRTS　(CONTRACT No.30288) ST/No.　Q'TY　UNIT PRICE 71-800　13 440 PCS　USD 7.15/PC 71-801　9 600 PCS　USD 7.30/PC 71-802　5 520 PCS　USD 6.45/PC				
46A 单据要求	除另有规定，所有单据一份正本，两份副本。 1．签字商业发票，一份正本，三份副本。 2．装箱单。 3．保险单/保险凭证：抬头为凭发货人指示，空白背书，以发票金额的 110%投保一切险				

续表

	和战争险。 4．全套正本加一份副本清洁已装船海运提单，抬头为凭指示，标注“运费预付”，并通知 PARISI SERVICES INC. 11105 S. LA CIENECA BLVD LOS ANGELES. CA 90045；亦可采用航空运输。 5．原产地证。				
47A 特别条款	1．所有单据显示本证号码。 2．第三方发货/单据可接受。 3．本证可由任何银行转让，如果转让，转让银行通知副本随汇票一起提交。				
49 保兑	无保兑	71B 费用	开证行以外费用由受益人承担，电信费与不符点费将在汇票金额中扣除		
注意事项：	无				
存在问题	付款时间：见票后 30 天，应该为见票即期付款				
是否修证	是				
审核人	朱虹	审核时间	2015-4-6	主管签字	

2.2.10 信用证的修改

通过对信用证的全面审核，如发现问题，应分别认清情况并及时处理。对于影响安全收汇、难以接受或做到的信用证条款，必须要求国外客户进行修改。在正式开证之前的审证阶段，应参考表 2-5，向开证申请人撰写关于修改信用证中相关条款的修改函。

1．信用证修改的规则

（1）只有买方（开证人）有权决定是否同意修改信用证。

（2）只有卖方（受益人）有权决定是否接受信用证。

2．修改信用证应注意的要点

（1）凡是需要修改的内容，应做到一次性向客户提出，避免多次修改信用证的情况。

（2）对于不可撤销信用证中任何条款的修改，都必须取得当事人的同意后才能生效。对信用证修改内容的接受或拒绝有以下两种表示形式。

1）受益人做出接受或拒绝该信用证修改的通知。

2）受益人以行动按照信用证的内容办事。

（3）收到信用证修改件后，应及时检查修改内容是否符合要求，并按情况表示接受或重新提出修改。

（4）对于修改内容要么全部接受，要么全部拒绝。部分接受修改中的内容是无效的。

（5）有关信用证修改必须通过原信用证通知行才真实、有效；通过客户直接寄送的修改申请书或修改书复印件不是有效的修改。

（6）明确修改费用由谁承担。一般按照责任归属来确定修改费用由谁承担。

表 2-5　信用证修改函样本

Dear sirs, Thank you for your L/C No. LLCPDX002148 issued by U.S. BANK. But on perusal we fouNd some discrepancies. Pls amend as follows: **DRAFTS AT 42C: AT 30 DAYS SIGHT.** **Amend for AT SIGHT.** PLS SEE TO IT THAT THE STIPULATIONS OF THE L/C SHOULD BE IN CONFORMITY WITH THE TERMS AND CONDITIONS OF THE S/C SO THAT WE COULD EXPEDITE THE SHIPMENT ASAP. LOOKING FORWARD TO YOUR AMENDMENT. YOURS FAITHFULLY ZHANG SAN

操作实训 2-4　跟单信用证开证申请书的填制

实训目的：熟悉跟单信用证开证申请书的填制方法

实训要求：假设你在孟加拉一家进出口公司工作，从中国进口一批水暖管件，请根据以下商业发票（见表 2-6）正确填写不可撤销信用证开证申请书（见表 2-7）。

表 2-6　商业发票

HEBEI CMEC METALS & MACHINERY CORP.LTD.

ADD : 15#-2, No.398, YOUYI NoRTH STR., SHIJIAZHUANG, CHINA 050060

TEL : 00 86-311-87321016 FAX: 0086-311-87799877

PROFORMA INVOICE

TO : M/S. ALTA VISTA TRADING INTERNATIONAL　　Date:18.12.2014

145-147 HAJI OSMAN GANI ROAD, DHAKA , BANGLADESH　　PROFORMA INV. No. SMBY131218

From Xingang of China to Chittagong seaport, Bangladesh by sea, One sea shipment

DESCRIPTION OF GOODS

"O" BRAND ELECTRIC GALVANIZED MALLEABLE IRON PIPE FITTINGS B.S.THREADS PLAIN

END:QTY 21.22764MT AT THE RATE OF USD1 500.00 PER M.TON TOTAL USD 31 841.46

PRICE ,QUALITY,QUANTITY,PACKING AND ALL OTHER SPECIFICATIONS OF GOODS

AS PER PROFORMA INVOICE/CONTRACT No. SMBY131218 DTD 18.12.2014 CFR CHITTAGONG

OF THE BENEFICIARY SUBMITTED TO US.

PACKING: EXPORT STANDARD SEA WORTHY CARTONS THEN INTO CONTAINER

PAYMENT: IRREVOCABLE L/C AT SIGHT WITH BILL OF EXCHANGE

COMMODITY AND DESCRIPTIONS	Quantity (CTN)	Unit Price (USD)	Amount (USD)
"O" BRAND ELECTRIC GALVANIZED MALLEABLE IRON PIPE FITTINGS B.S.THREADS PLAIN END	940	33.874	31 841.46
		CHITTAGONG PORT,BANGLADESH	

SHIPPING MARK:AS PER BUYER'S OPTION

WE HEREBY CERTIFY MERCHANDISE TO BE OF CHINA ORIGIN

LCA No.26845, IRC No.BA-0162045 TIN No.: 216-1025742, VAT No:9091067340 H.S.CODE No.:7307.99.00

MEASUREMENT: 25

表 2-7　不可撤销信用证开证申请书

IRREVOCABLE DOCUMENTARY CREDIT APPLICATION

TO:　　　　　　　　　　　　BANK：

Issued by(　) airmail(　) courier(　) teletransmission(　)with brief advice by teletransmission	Advising bank:
Date and place of expiry:	Partial shipments:(　)allowed　(　)not allowed
Currency and amount:	Transshipment: (　)allowed　(　)not allowed
Applicant:	Loading on board/dispatch/taking in charge at/from: For transportation to: Latest date of shipment:
beneficiary:	Description of goods and/or services:
Available with ________________ bank by (　)negotiation/(　)acceptance/(　)sight payment/ (　)deferred payment/(　) mixed payment	Trade term: (　)_______ For marine/waterway transportation(　)CIF(　)CFR(　)FOB
(　)against beneficiary's draft drawn on___________ bank for ___% of invoice value (　)at___days sight/(　)at___days after shipment date	For other transportation method:(　)CIP (　) CPT (　)FAS(　)FCA (　)EXW Shipping mark:

DOCUMENTS REQUIRED (MARKED WITH X)

☐ Signed commercial invoice in___copies indicating this LC No. And contract No.

☐ Full set of on board ( )ocean B/L/( ) multimodal transport B/L /( )charter party B/L plus two non-negotiable copies issued ( )to order and blank endorsed/( )to the order of Guangdong Development Bank ,_______Br. /( )to the order of applicant, marked freight ( )prepaid/( )collect and notifying the applicant

☐ Original ( )air waybill/( )railway bill/( )waterway bill/( )courier receipt/( )post receipt made out to ____________________, marked freight ( ) prepaid/ (　) collect and notifying the applicant

☐ Cargo Receipt issued and signed by authorized signatory(ies) of the applicant(whose signature must be in conform with the specimen held in issuing bank's file)certifying that the goods have been received in good

续表

order and the goods are being held in trust for under lien to the issuing bank, showing the quantity, value of goods, date of delivery and LC No.

☐ Insurance ( )policy/( )certificate in____copies for 110% of the invoice value showing claims payable at destination in currency of the LC, blank endorsed, covering( )ocean transportation/( )air transportation/( )overland transportation all risks, war risks and _____________.

☐ Packing list/weight memo in____copies.

☐ Certificate of quantity/weight in_____copies issued by ( )manufacturer/( )beneficiary.

☐ Certificate of quality in____copies issued by ( )manufacturer/( )beneficiary.

☐ Certificate of origin in__copies certifying _____ as origin and issued by ( )manufacturer/( ) beneficiary/ ( ) local Chamber of Commerce.

☐ Beneficiary's certified copy of fax/telex dispatched to the applicant within __days after shipment advising name of vessel/flight No./wagon No., date, quantity,weight and value of shipment.

SPECIAL INSTRUCTION:

☐ All banking charges outside issuing bank's counter except the discrepancy fee are for the account of the beneficiary.

☐ FORWARDER BL AND HOUSE BL NOT ACCEPTABLE.

☐ __% more or less both on quantity and amount are acceptable.

☐ All documents must be presented through beneficiary's banker within 10 days after shipping documents issued but within the expiry date of this LC.

请贵行依照本申请书所列条款开立不可撤销跟单信用证。本次开证，

☐ 使用贵行与我公司签订的编号为______________的《_________________合同》项下的________额度，使用额度金额为开证金额（含溢装）的____%，即币种、金额为__________________。

☐ 我公司向贵行交纳开证保证金，保证金比例为开证金额（含溢装）的____%，即币种、金额为______________ 。

我公司保证严格遵守上述合同，承担一切责任。

申请人预留印鉴：　　　　　　　　　　　　　申请日期：_____ 年__月__日

信用证开证申请人承诺书

请贵行依照正面申请书所列条款开立不可撤销跟单信用证。我公司承诺如下：

一、我公司同意贵行依照国际商会出版物《跟单信用证统一惯例》现行最新版本办理该笔信用证项下一切事宜，并承担由此产生的一切责任。

二、我公司对贵行所负债务履行偿付义务，本条所称债务包括但不限于信用证项下应付货款、有关手续费、电信费、杂费、因贵行发生信用证垫款我公司应付的逾期利息、违约金、赔偿金、国外受益人拒绝承担的有关银行费用及贵行实现债权的费用等。

三、如该信用证需要修改，由我公司向贵行提出书面申请，由贵行根据具体情况确定是否给予办理，我公司承担因信用证修改而产生的一切责任和费用（包括国外受益人拒绝承担的有关银行费用），我公司确认所有修改由信用证受益人接受才能生效。

四、在单证表面相符的情况下，我公司保证于贵行规定的期限内书面通知贵行对该信用证办理付款/承兑事宜，否则，视同我公司已经同意对该信用证付款/承兑。

五、若单证不符，我公司保证于贵行规定的期限内对该信用证提出书面拒付申请，并由贵行按国际惯例决定能否拒付。若发生以下情形之一，视同我公司同意对该信用证付款/承兑：(1）我公司于贵行规定的期限内未提出书面拒付申请；(2）贵行确定我公司的拒付理由不成立；(3）虽然拒付理由成立，但我公司未能如期退回全套单据。

六、对外付款时，贵行有权从我公司在贵行开立的保证金账户直接划收、从我公司在贵行开立的账户（账号：____________________）划收，或从我公司在任何银行开立的任何账户划收，我公司保证在付款到期日的前一个工作日向贵行付清所有款项和费用。若我公司未能付清应付款项，贵行有权通过行使担保权、处理该信用证项下货物、从出口收汇或其他收入款中扣除等方式实现债权，或采取其他措施实现债权。

七、该信用证项下往来函电及单据在传递中所发生任何形式的遗失、延误、错漏、残缺或其他差错概与贵行无关，贵行无须为此承担责任。

八、信用证开立申请书应当用英文填写，如用中文填写而引起歧义，我公司将放弃追究贵行责任的权利。

九、因《信用证开立申请书》、《信用证修改申请书》字迹不清或词意含混而引起的一切后果由我公司负责。

十、我公司收到贵行开出的信用证及/或其修改书的副本后，保证及时与原开证申请书及/或修改申请书核对。若有不符之处，应当自收到副本之日起两个工作日内书面通知贵行，否则，视同正确无误。

十一、贵行已做了相应的条款说明，我公司已全面、准确地理解本申请书的各项条款。我公司特做出上述承诺，并严格遵守。

十二、本承诺与信用证开立申请书为一份完整文本，我公司在开证申请书的签字盖章对本承诺书同样有效力。

申请人预留印鉴：

申请日期：_____ 年__月__日

操作实训 2-5 审核信用证

实训目的：熟悉审核信用证的要点、方法和程序。

实训要求：根据以下合同内容（见表 2-8）审核信用证（见表 2-9），填制信用证审核表，并编写信用证修改函。

表 2-8 出口商品销售合同

SALES CONTRACT

THE SELLER:
SHANDONG YIHAI IMP. & EXP. CO.,LTD.
No. 51 JINSHUI ROAD, QINGDAO, CHINA

No. YH08039
DATE: DEC.1, 2014
SIGNED AT: QINGDAO,CHINA

THE BUYER:
LINSA PUBLICIDAD, S.A.
VALENCIA, 195 BAJOS. 08011. BARCELONA, SPAIN

This Sales Contract is made by and between the Sellers and the Buyers, whereby the Sellers agree to sell and the Buyers agree to buy the under-mentioned goods according to the terms and conditions stipulated below:

Commodity & Specification	Quantity	Price Terms	
		Unit price	Amount
CARDHOLDER DYED		FOB QINGDAO	USD 7250.00
COW LEATHER	5 000 PCS	USD1.45/PC	USD 12000.00
BLACK BROWN	8 000 PCS	USD1.50/PC	USD 19250.00
Total amount: U.S.DOLLARS NINETEEN THOUSAND TWO HUNDRED AND FIFTY ONLY.			

Packing: 1PC/POLYBAG , 500PCS/CTN

Time of Shipment: DURING JAN. 2015 BY SEA

Shipping Mark: L.P.
BARCELONA
NOS.1-26

Loading Port and Destination: FROM QINGDAO TO BARCELONA

Partial Shipment and Transshipment: ALLOWED

Insurance: TO BE EFFECTED BY THE BUYER.

Terms of Payment: THE BUYER SHALL OPEN THROUGH A BANK ACCEPTABLE TO THE SELLER AN IRREVOCABLE SIGHT LETTER OF CREDIT TO REACH THE SELLER 30 DAYS BEFORE THE MONTH OF SHIPMENT AND TO REMAIN VALID FOR NEGOTIATION IN CHINA UNTIL THE 15th DAY AFTER THE FORESAID TIME OF SHIPMENT.

表 2-9　信用证

DRAFT OF DOCUMENTARY CREDIT

27: SEQUENCE OF TOTAL：	1/1
40A: FORM OF DOC.CREDIT：	IRREVOCABLE
20: DOC.CREDIT NUMBER：	103CD137273
31C: DATE OF ISSUE：	141215
40E: APPLICABLE RULES：	UCP LATEST VERSION
31D: DATE AND PLACE OF EXPIRY：	DATE 150202 PLACE IN SPAIN
51D: APPLICANT BANK:	BANCO SANTANDER, S.A. 28660 BOADILLA DEL BARCELONA, SPAIN
50: APPLICANT：	LINSA PUBLICIDAD, S.A. VALENCIA, 195 BAJOS. 08011. BARCELONA, SPAIN
59: BENEFICIARY：	SHANDONG YIHAN IMP. & EXP. CO., LTD. No. 51 JINSHUI ROAD, QINGDAO, CHINA
32B: AMOUNT：	CURRENCY EUR AMOUNT 19250.00
41A: AVAILABLE WITH…BY	ANY BANK IN CHINA BY NEGOTIATION
42C: DRAFTS AT	30 DAYS AFTER SIGHT
42A: DRAWEE：	LINSA PUBLICIDAD, S.A.
43P: PARTIAL SHIPMTS：	NOT ALLOWED
43T: TRANSSHIPMENT：	NOT ALLOWED
44E: PORT OF LOADING：	ANY CHINESE PORT
44F: PORT OF DISCHARGE：	VALENCIA, SPAIN
44C: LATEST DATE OF SHIPMENT：	140115
45A: DESCRIPTION OF GOODS：	GOODS AS PER S/C No. YH08036 DATED ON DEC.1, 2014 CARDHOLDER DYED COW LEATHER BLACK COLOUR/8 000 PCS AT USD1.45/PC FOB QINGDAO BLACK COLOUR/8 000 PCS AT USD1.45/PC FOB QINGDAO BROWN COLOUR/5 000 PCS AT USD1.50/PC FOB QINGDAO PACKING: 200 PCS/CTN

续表

46A:DOCUMENTS REQUIRED：	1. SIGNED COMMERCIAL INVOICE IN 3 COPIES 2. CERTIFICATE OF ORIGIN GSP FORM A ISSUED BY OFFICIA AUTHORITIES 3. PACKING LIST IN 3 COPIES 4. FULL SET CLEAN ON BOARD BILLS OF LADING MADE OUT TO ORDER MARKED FREIGHT PREPAID AND NOTIFY APPLICANT 5. INSURANCE POLICY/CERTIFICATE IN DUPLICATE ENDORSED IN BLANK FOR 110% INVOICE VALUE COVERING ALL RISKS AND WAR RISK AS PER CIC
47A:ADDITIONAL CONDITIONS：	BILL OF LADING ONLY ACCEPTABLE IF ISSUED BY ONE OF THE FOLLOWING SHIPPING COMPANIES: KUEHNE-NAGEL (BLUE ANCHOR LINE) VILTRANS (CHINA) INT'L FORWARDING LTD. OR VILTRANS SHIPPING (HK) CO.,LTD.
71B: CHARGES：	ALL CHARGES ARE TO BE BORN BY BENEFICIARY
48: PERIOD FOR PRESENTATION：	WITHIN 5 DAYS AFTER THE DATE OF SHIPMENT,BUT WITHIN THE VALIDITY OF THIS CREDIT
49:CONFIRMATION INSTRUCTION：	WITHOUT

能力考核表

专业能力实训成绩考核表

<table>
<tr><th colspan="2">专业能力</th><th>评估标准</th><th>分项成绩</th></tr>
<tr><td colspan="2">1．电汇申请表的填制</td><td>能够正确填制电汇申请表</td><td>30</td></tr>
<tr><td colspan="2">2．开证申请书的填制</td><td>能够正确填制开证申请书</td><td>30</td></tr>
<tr><td colspan="2" rowspan="2">3．准确审核信用证</td><td>（1）准确审核信用证，并填制信用证审核表</td><td>30</td></tr>
<tr><td>（2）准确书写信用证修改函</td><td>10</td></tr>
<tr><td colspan="3">总成绩 Σ100</td><td></td></tr>
<tr><td>教师评语</td><td colspan="3">签名：
年　　月　　日</td></tr>
<tr><td>学生意见</td><td colspan="3">签名：
年　　月　　日</td></tr>
</table>

项目 3

出口商务单证

学习目标

知识目标

- 了解出口商务主要单证的种类及作用。
- 熟悉出口商务单证的主要内容。
- 掌握发票、汇票、包装单据、附属单据的缮制。

能力目标

工作任务	能力目标
发票的缮制	1．了解发票的种类及各自的作用 2．掌握不同发票的内容与缮制要求 3．根据相关资料缮制发票
包装单据的缮制	1．了解包装单据的作用及种类 2．掌握包装单据的内容与缮制要求 3．根据相关资料缮制包装单据
汇票的缮制	1．了解汇票的种类及票据行为 2．掌握汇票的内容及缮制要求 3．根据相关资料缮制汇票
附属单据的缮制	1．掌握装船通知的主要内容与缮制要求 2．掌握受益人证明的内容 3．掌握船公司证明的主要内容及缮制要求 4．根据相关资料缮制装船通知、受益人证明、船公司证明

任务 1 发票的缮制

3.1.1 商业发票的缮制

1. 商业发票的含义及作用

(1) 商业发票的含义。商业发票（Commercial Invoice）是由出口商向进口商开列的发货价目清单，是买卖双方记账的依据。商业发票在整个出口单据中处于核心地位，是缮制其他单据的依据，也是出口货物的总说明，合同履行的各个环节基本上都需要使用商业发票。

(2) 商业发票的作用。

1) 商业发票是卖方履约的证明。商业发票是由卖方签发的，证明将一定数量的货物销售给买方的文件，其内容包括合同编号、货名规格、单价数量及签发日期等，因此，它基本体现了合同的精神，是卖方的履约证明。

2) 商业发票是出口商凭以收取货物和进出口双方记账的凭证。出口商可以通过商业发票了解销售收入，核算盈亏，按照不同的支付方式记好外汇账，及时了解收汇情况，积极向外催收货款。进口商同样也需要通过商业发票逐笔记账，按时结算货款，履行合同义务。因此，商业发票是出口商凭以收取货物和进出口双方记账的凭证。

3) 商业发票是进出口双方办理海关纳税的重要依据。出口商需要在货物装运前向海关进行报关，提交商业发票等作为海关确定税金和放行的重要依据。进口商同样需要在货物到达时向当地海关提供发货人的商业发票通关，海关凭以核定税金，使进口商得以迅速清关提货。因此，商业发票必须缮制清楚、准确。

4) 商业发票是出口商办理保险等出口手续时提供的单据之一。保险公司办理保险，计算保险金额，往往是以商业发票中的金额为依据的，因此，出口商在办理保险时应提供商业发票。

此外，在信用证不需开具汇票时，商业发票是进口商付款的依据。我国出口商向商检机构办理商检、向银行办理结汇及向外汇管理局办理核销等，都需要提交商业发票。

2. 商业发票的内容与缮制要求

商业发票由出口公司自行拟制，无固定格式，但基本栏目大致相同，分为开头、主体和结尾三部分。开头部分包括出票人名称与地址、商业发票名称、商业发票和日期和号码、收货人或抬头人等；主体部分包括唛头及号码、装卸港/地、路线及运输工具、货物描述、数量、单价币种和金额等；结尾部分包括证明和声明语句签名、份数、更正等。

（1）出票人名称与地址。通常事先印就，有关描述须醒目、正确、主次分明。如果信用证中的名称、地址和事先印就的项目有出入，要注意更正，同时该出票的名称要和背书章上的名称保持一致。

（2）商业发票名称。用英文粗体标出“Commercial Invoice”字样。如果信用证要求提供“Receipted Invoice”或“Detailed Invoice”，应从其规定；根据《ISBP》的规定，如信用证只要求“Invoice”，提交任何形式的商业发票均可；如要求“Commercial Invoice”，提交“Invoice”字样的商业发票，银行也应接受。

（3）商业发票日期和号码。日期一般不早于合同签订日，不迟于提单日，通常在信用证开证日之后。《ISBP》规定，除信用证另有规定，商业发票无须标注日期。

商业发票号码一般由受益人自定义（由各公司统一编号）。因商业发票是核心票据，有的单据号码直接采用商业发票号，如汇票号码；有的则在单据内容中援引商业发票号以表示是同一套业务下的单据，如装箱单、原产地证、保险单等。

（4）收货人或抬头人。商业发票一般须以买方或开证申请人为抬头人，通常填写在商业发票上印制的“To”“Sold to Messrs”“Messrs”“For account of”和“Consigned to”等词语之后。

可转让信用证条件下会出现第二受益人提交的以第一受益人为抬头的商业发票。

如要求中性商业发票，应以“To whom it may concern”为抬头；如信用证规定“Applicant The Bank of Tokyo A/C ABC Co.,Ltd.Tokyo”，则应将后者作为商业发票抬头人；如规定“Applicant: ABC Co.for account of XYZ Co.Ltd”，则两者应同时出现在商业发票抬头人中；如信用证规定“Applicant:ABC Co.Ltd….Invoice to be made in the name of XYZ C0.，Ltd”，应以后者为抬头人。

（5）唛头及号码。唛头及号码应与合同或信用证规定一致。如合同或信用证中没有对唛头进行约束，则货物外包装可以不用刷唛头，在本栏填写“N/M”，不得留空；或者由受益人按照 ISO 的标准格式自行设计。标准的唛头代码由收货人简称、合同号、目的地和件号四个部分组成。

散装货可注明“N/M”或“No Marks”或“In bulk”字样；裸装货则可标明“Naked”，或在货物端部涂刷某种颜色（如红色）时在唛头栏中填写“Red Stripe”等。

信用证中如规定“Mark is restricted to…”或“Mark should include…”时，应严格按所示字母、顺序、位置等填制。

（6）装卸港/地、路线及运输工具。填写货物实际装卸港/地的具体名称，如货物需转运，应在目的港之后将转运港名称通过 W/T（With Transshipment）加以体现；制作商业发票时如尚未安排运输，运输工具通常可根据实际运输方式填写为“By Sea/Vessel/Ship/Steamer”或“By Air”“By Rail”“By Truck/Road”等。

装运地和目的地应明确具体，不能笼统表示，如信用证规定“from China/Any Chinese Port to London”，而实际装运是青岛运往伦敦，则填写时应打上具体的中国港口/内陆城市，所以应填“From Qingdao, China to London”，目的港也是这样。商业发票的起讫地应与提单一致。

（7）货物描述。商业发票中的货物描述包括货物的品名、品质、规格及包装状况。填写时必须与合同或信用证规定相符，但并不是完全一样。例如，很多信用证中的货物描述包括品名、品质、数量、包装、单价、总值等内容，而在商业发票缮制时，应该将数量、单价和总值等内容分别填在商业发票对应的项目中，其他内容则填入商业发票的商品描述中。

商业发票中的品名必须真实反映实际发运的货物情况，填写完整、准确，不可遗漏或简写。非英文品名要求照样填写。

（8）数量。显示计价数量，数量单位必须与单价中的计价单位保持一致。商业发票显示的货物数量、重量和尺码不得与其他单据上的同种数值相矛盾。

（9）单价、币种和金额。单价、币种和金额与合同或信用证应保持一致。贸易术语、计量单位不能遗漏。商业发票金额不能超过信用证规定的最大金额，如有溢短装，可允许在浮动的限额之内增减。

如信用证要求扣除佣金，制单时必须扣除；如信用证无扣佣规定，但金额正好是减佣后的净额，商业发票应显示减佣；有时合同规定佣金，信用证金额内未扣除，信用证内也未提及佣金事宜，商业发票中不应显示。

信用证中要求分别列出运费、保费和FOB金额时，应按要求做。

（10）证明和声明语句。不同国家和地区的来证有时会要求在商业发票空白处加注某些证明或声明语句，一般包括证明所列货物与合同或订单的货物相符；证明货物原产地；证明不装载于或停靠限制的船只或港口；证明货真价实；证明已经航邮有关单据；标明特定号码（信用证号、许可证号、税号等）。

（11）签名。据《UCP 600》的规定，如信用证无要求，可不签名；如要求，可在商业发票右下方盖章。如要求“Signed Invoice”，则手签或盖章均可；如要求“Manually signed(Handwritten)Invoice”，一定要手签。

商业发票的签字除手签和盖章外，还可用签样印制、穿孔签字、符号表示或其他任何机械或电子证实方法处理。

证实商业发票必须签署。

除另有规定，在带有公司抬头的信签上签字被认为公司的签字，不必重复公司的名称；签字的单据复印件和传真发送的有签字的单据不构成签署行为。

（12）份数。根据合同或信用证要求提供商业发票的数量。未明确单据具体份数时至少要提供两份以上或三份商业发票，只要提供一份正本（Original），其余以副本来满足。

如信用证中规定“in triplicate”“5 copies”或“3 folds”等，则至少提供一份正本，其他可用副本；如信用证中规定“One Invoice/Invoice in One Copy”，则提供一份正本；如信用证规定“One Copy of Invoice”，则既可提供正本，也可以提供副本。

副本单据不能替代正本单据。除非有相反规定，否则正本单据可替代副本单据。

（13）更正。由受益人通过加盖更正章完成。更正不宜过多，应尽量避免。没有签署的商业发票更正无须加盖更正章。同一份单据使用多种字体、字号或手写不视为更正。

一个商业发票的示例如图 3-1 所示。

上海进出口贸易公司

SHANGHAI IMPORT & EXPORT TRADE CORPORATION

1321 ZHONGSHAN ROAD SHANGHAI ,CHINA

COMMERCIAL INVOICE

TEL: 021-65788747　　　　INV No.:XH056671

FAX: 021-65788748　　　　DATE:FEB.01,2010

S/C No.:HX050264

L/C No.:33416852

TO

TKALMA CORPORATION

6-7, KAWARA MACH

OSAKA, JAPAN

FROM　SHANGHAI PORT　TO　OSAKA PORT

MARKS & No.	DESCRIPTIONS OF GOODS	QUABTITY	U/PRICE	AMOUNT
T.C OSKAK C/No.1-250	COTTON BLANKET ART No.H666 ART No.HX88 ART No.HE21 ART No.HA56 ART No.HH46 PACKED IN250 CARTONS	500PCS 500PCS 500PCS 500PCS 500PCS	CIF OSKAK USD5.50 USD4.50 USD4.80 USD5.20 USD5.00	USD2 750.00 USD2 250.00 USD2 400.00 USD2 600.00 USD2 500.00
				USD12 500.00

TOTAL AMOUNT:SAY U.S.DOLLARS TWENTY THOUSAND FIVE HUNDRED ONLY.

SHANGHAI IMPORT & EXPORT TRADE CORPORATION

图 3-1　商业发票示例

3.1.2 海关发票的缮制

1．海关发票概述

海关发票（Customs Invoice）是出口商根据进口国海关规定而填制的一种特定格式的发票。海关发票的基本内容和商业发票相似，格式一般由进口国海关统一制定并提供。要求出具海关发票的国家和地区主要有美国、加拿大、澳大利亚、新西兰、牙买加、加勒比共同市场国家和非洲一些国家。海关发票是某些国家执行差别待遇政策和排挤别国商品进口的一种工具，目前很多国家正在减少使用。

海关发票的作用主要有以下几个方面。

（1）便于进口国海关核定货物原产地，便于实施差别待遇。

（2）是进口国海关核查商品在出口国国内价格的依据，防止倾销。

（3）是进口国海关进行价格完税的依据。

（4）是进口国海关进行海关统计的依据。

2．海关发票的内容及缮制要求

各国海关发票都由本国海关制定，格式各不相同，内容却大同小异，除了商品品名、单价、总值等项目与商业发票必须完全一致外，还需列明国内市场价格或成本价、生产国家、经准确核算的外包装价值、内陆运输费与保险费、海洋运费、海运保险费、码头与港口费用等。海关发票应以收货人或被通知人为抬头人，最后需有出口单位负责办事人员签具海关发票。以下以具体的例子说明海关发票的内容及缮制要求。

按照加拿大海关规定，货值超过 1 200 加元的进口商品必须具备加拿大海关发票（Canada Customs Invoice，CCI）或同等发票。加拿大海关发票由英法两种文字组成，要求各栏均需填写，不能留空，并需手签（见图 3-2）。

<table>
<tr><td colspan="3">REVENUE CANADA</td><td colspan="4">CANADA CUSTOMS INVOICE</td></tr>
<tr><td colspan="3">1.Vendor（Name and Dress）</td><td colspan="4">2.Date of Direct Shipment to Canada
3.Other References （include Purchaserys Order No.）</td></tr>
<tr><td colspan="3" rowspan="3">4. Consignee （Name and Address）</td><td colspan="4">5.Purchaser's Name and Address（if other than Consignee）</td></tr>
<tr><td colspan="4">6.Country of Transhipment/Pays de transbordement</td></tr>
<tr><td>7.Country of Origin of Goods</td><td colspan="3">If shipment includes goods of different originsenter origins against items in 12</td></tr>
<tr><td colspan="3" rowspan="2">8.Transportation Give Mode and Place of Direct Shipment to Canada</td><td colspan="4">9.Condirtions of Sale and Terms of Payment</td></tr>
<tr><td colspan="4">10.Currency of Settlement</td></tr>
<tr><td rowspan="2">11.No.of Pkgs</td><td colspan="2" rowspan="2">12.Specification of Commodities （Kind of Packages, Marks, and Numbers, General Description and Characteristics, ie Grade, Quality）</td><td colspan="2" rowspan="2">13.Quantity （StateUnit）</td><td colspan="2">Selling Price</td></tr>
<tr><td>14.Unit Price</td><td>15. Total</td></tr>
<tr><td colspan="3" rowspan="2">18.if any Of fields 1 to 17 are included on an attached commercial invoice, check this box
commercial invoice No.____________</td><td colspan="2">16. Total Weight</td><td colspan="2" rowspan="2">17.Invoice Total</td></tr>
<tr><td>Net</td><td>Gross</td></tr>
<tr><td colspan="2">19.Exporter（ Name and Address）（if other than Vendor）</td><td colspan="5">20.Originator （Name and Address）</td></tr>
<tr><td colspan="2">21.Departmental Ruling（if applicable）</td><td colspan="5">22.If fields 23 to 25 are not applicable, check this box</td></tr>
<tr><td colspan="2">23.if included in field 17 indicate amount:
（Ⅰ）Transportation charges, expenese and insurance from the place of direct shipment to Canada
$ ____________________
（Ⅱ）Costs for const: action, erection and assembly incurred atter importation into Canada
$ ____________________
（Ⅲ）Export packing
$ ____________________</td><td colspan="3">24.If not included in field 17 indicate amout
（Ⅰ）Transportation charges, expense and insuranceto the place of direct shipment to Canada
$ ____________________
（Ⅱ）Amounts for commissions other than buying commissions
$ ____________________
（Ⅲ）Export packing
$ ____________________</td><td colspan="2">25.Check（if applicable）
（Ⅰ）Royalty payments or subsequent proceede are paid or payable by the purchaser

（Ⅱ）The purchaser has supplied goods or services for use in the production of these goods</td></tr>
</table>

图 3-2 加拿大海关发票

（1）卖方名址［Vendor（Name and Dress）］。填写发货人名称及地址，或信用证的受益人。

(2) 装船日期 (Date of Direct Shipment to Canada)。填写实际装运日期，应与提单一致。

(3) 其他参考项目[Other References (include Purcharserys Order No.)]。填写有关合同、订单及商业发票的号码。

(4) 收货人名址 [Consignee (Name and Address)]。填写货物运交的最后收货人的名称和地址。

(5) 买方名址 (Purchaser's Name and Address)。若合同买方与第 4 栏的收货人为同一人，则填 “The Same As No.4 Consignee”；若不同，则应详细填写。

(6) 转运国 (Country of Transshipment)。填写货物运输途中中转转船的地点，若不转船，则填 “N/A”。

(7) 原产地国别 (Country of Origin of Goods)。填写发票上所列货物的产地国。

(8) 直接运往加拿大的运输方式及地点 (Transportation Give Mode and Place of Direct Shipment to Canada)。只要货物不在国外加工，不论是否转船，均填起运地、目的地名称及所用运输工具，如 “From Shanghai to Montreal By Vessel”。

(9) 贸易条件和支付方式 (Condition of Sales and Terms of Payment)。填写交货的价格术语和支付方式，如 CFR Montreal By L/C At Sight。

(10) 结算用货币 (Currency of Settlement)。填写支付货币，应与商业发票一致。

(11~17) 件数 (No.of Packages)、商品描述 (Specification of Commodities)、数量 (Quantity)、单价 (Unit Price)、总金额 (Total)、总重量 (TotalWeight)、发票总金额 (Invoice Total)。按商业发票描述的内容填写。需注意，件数即本批货物的总件数，数量是指货物具体单位的数量而非外包装的件数，总重量可参照商业发票、提单、包装单、重量单等有关的毛净重填写，如成交价为 CIF 价，应分别列明 FOB 价、运费、保险费。

(18) 若前述 17 项均已在商业发票中，则在第 18 栏中画✓，并在其后填上商业发票的号码。

(19) 出口商名址 [Exporter (Name and Address)]。若与第 1 栏卖方为同一人，则填 “Same as No.l Vendor”。若不同，则应详细填写。

(20) 出口单位负责人名址 [Originator (Name and Address)]。填写签本发票的出口单位名称、地址及负责人。

(21) 当局规定 (Departmental Ruling)。加拿大海关方面的某些管理条例。如有，则按要求填列；如无，则填 “N/A”。

(22) 第 23~25 栏各项目若不适用时，在第 22 栏中画✓。

(23) 若第 23 栏已包括在第 17 栏中，则填写合适的金额，若有一项无法填写，则填 “N/A”。

(24) 若第 24 栏不包括在第 17 栏中，则按实际数额填写，若某些项目不适用，则填

“N/A”。

（25）第25栏一般贸易不适用，填“N/A”。

3.1.3 其他发票

1．形式发票

形式发票（Proforma Invoice，P/I）也称预开发票或估价发票，一般是在业务成交之前开具的。它不是一种正式发票，对买卖双方没有约束力，是出口商应进口商的要求出具的一份列有货物名称、规格、单价等内容的非正式的参考性发票，供进口商向本国贸易管理局或外汇管理局等部门申请进口许可或外汇。进口商通过形式发票可以了解购货成本，申请信用证。

形式发票与商业发票基本类似，只是单据名称上有“PROFORMA”字样，是对未来签署正式买卖合同的基本情况的统计，不能用于托收和议付。若信用证上有“依××形式发票开立商业发票”的条款时，商业发票上须注明“AS PER PROFORMA INVOICE No.×× DATE××”，出口商交单时，也须附上形式发票，否则银行不予审核单据内容，后果由出口商承担。

作为报价单，形式发票所标注的内容应与商业发票一致，但数量可以根据实际情况有所增减。

形式发票在外汇或贸易管制比较严的国家使用较多。

2．领事发票

领事发票（Consular Invoice）和商业发票是平行单据，是一份官方签署的单据。有些国家为了了解进口商品原产地，核定货物有无倾销，规定进口货物必须领取进口国驻出口国或临近地区的领事签发的发票，也就是领事发票，作为海关征收关税的前提条件。

有些国家制定了固定格式的领事发票，这种发票可以直接在领事馆领取；有的国家未规定统一格式，只要进口国在出口国的领事在商业发票上认证即可。在实际工作中后一种比较常见。

几乎所有的国家都对领事发票收取一定的认证费用，作为领事馆的经济来源之一。有的国家按照批次收费，有的国家按照商业发票金额的一定比例收费。因此，出口商在对这些国家出口时要考虑认证费用，尤其成交金额比较小的贸易要注意；同时要提前领取，避免造成合同履行的延误，影响清关提货。

领事发票多出现在贸易及外汇管制比较严格的中东、拉美等地区。

3．厂商发票

厂商发票（Manufacture’s Invoice）是由出口商品的制造商提供的、以本国货币计算商品价格的、用以证明出口货物在本国国内市场的出厂价格的发票。厂商发票主要用于进口国海关进行估价，核定税率，防止倾销。

厂商发票的格式与商业发票基本类似，主要区别在以下几点。

（1）厂商发票名称为 MANUFACTURE'S INVOICE。

（2）厂商发票抬头为出口商。

（3）出票日期不迟于发票日期。

（4）以出口国货币计价，价格低于商业发票的 FOB 价。

（5）没有唛头。

（6）出票人为制造商，并由负责人签章。

并非所有的进口商都要求厂商发票。

任务 2　包装单据的缮制

3.2.1　包装单据的定义与作用

1．包装单据的定义

包装单据（Packing Documents）是指一切记载或描述商品包装情况的单据，是商业发票内容的补充。常见包装单据见下文所述。

2．包装单据的作用

（1）是出口商缮制商业发票及其他单据时计量、计价的基础资料。

（2）是进口商清点数量或重量及销售货物的依据。

（3）是海关查验货物的凭证。

（4）是公证或商检机构查验货物的参考资料。

3.2.2　常见的包装单据

1．装箱单/包装单（Packing List）

装箱单主要说明所装运货物的包装材料、包装方式、花色规格、毛重净重、包装件数等内容，便于海关检查和进口商验货，了解包装件内的具体内容，方便销售。

对于定量包装，装箱单只需说明总件数、单件的重量和总重量；对于不定量包装，要逐项列明每件包装的方式、大小、重量等。

2．规格单（Specification List）

从内容来讲，规格单与装箱单基本一致，只是要求名称要与规定相符，并重点说明包装的规格，如每箱装 24 打，每 2 打装一小盒，每打用塑料袋包装等细节。

3．重量单/磅码单（Weight List/Note/Memo）

一般以重量计价的商品，收货人对商品的重量比较重视，或当商品的重量对其质量能有一定的反映时，一般会要求重量单。

重量单重点说明商品包装的毛重、净重及皮重等方面的内容。

4．尺码单（Measurement List）

尺码单偏重于说明所装运货物的体积，即每件商品的包装尺码及总尺码。

5．中性包装单（Neutral Packing List）

国际贸易中很多是转口贸易，中间商为了长期赚取差价，在把货物转售给第三者时，为不泄露出口商的名称、地址等商业秘密，一般会要求出口商提供中性包装单。此种单据并不表明出具单位和收货人名称及地址，没有抬头或抬头显示为“TO WHOM IT MAY CONCERN”，也不显示信用证号、发票号等参考号码，且不盖章、不签字。只注意与信用证上规定的有关包装条件、包装规格、包装重量等的一致性，一般情况下，可直接将包装要求按原句抄在单据上。

6．包装声明（Packing Declaration）

新西兰、澳大利亚等国规定，凡进口货物使用木材为包装材料，木材必须无虫、无菌，经过熏蒸处理才准许入境。对美国、加拿大出口货物，木质包装均需进行杀虫处理。按照《国际植物保护公约》，对木质包装进行热处理时，一般要求温度达到 56℃，并持续 30 分钟以上，还建议对有些木质包装采取烘干或化学处理，熏蒸时要采用甲基溴化处理。凡是向以上这些国家出口货物时，就需要采用包装声明。包装声明有木质声明和非木质声明两种。

3.2.3 包装单据的内容与缮制要求

1．包装单据的内容

包装单据并无统一固定的格式，内容可以根据信用证或合同的要求和货物的特点自行设计。包装单据的内容主要是阐明商品的包装情况，其内容大致包括以下几个方面。

（1）编号和日期（Number and Date）。

（2）合同号码或信用证号码（Contract Number or L/C Number）。

（3）唛头（Shipping Mark）。

（4）货物名称、规格和数量（Name of Commodity，Specifications and Quantities）。

（5）包装件数及类别（Nos and Kind of Packages）。

（6）货物毛净重、尺码（Gross and Net Weight，Measurement）。

有些进口商不想让实际买主了解货物的详细成本情况，所以包装单据一般不显示货物的单价和总价，也不显示收货人，对货物内容的描述一般用统称，单据的号码、出单日期则完全与发票一致。

NANJING CAIMAO IMPORT & EXPORT CO.,LTD

No.388 MUXUYUAN STREET,NANJING CHINA

PACKING LIST

MARKS & NOS. INVOICE No.B66645478

AS PER INVOICE No.B66645478

C/No.	ART.No.	DESCRIPTIONS	QUANTITY	WEIGHT (IN KGS)		MEAS (CMS)
				G.W	N.W	
1-200	98636 K-2137-1	MEN'S SLACKS MEN'S SHIRTS	@4DZS/CTN	@14.00	12.00	
			800	2 800.00	2 400.00	29.24M^3

NANJING CAIMAO IMPORT & EXPORT CO.,LTD
ZHANGSAN

图 3-3　装箱单示例

2．包装单据的缮制要求

（1）单据的名称。以装箱单为例，装箱单的名称应与信用证内规定的名称一致。若“packing list in triplicate”，则打上“packing list”；若“packing and weight list in triplicate”，则打上“packing and weight list”。

（2）出票人名称与地址。缮制规范同发票。

（3）发票日期和号码。缮制规范同发票。

（4）收货人或抬头人。缮制规范同发票。

（5）唛头及号码。缮制规范同发票。

（6）装卸港/地、路线及运输工具。缮制规范同发票。

（7）货物描述。缮制规范既可以与发票相同，也可以用统称。如果在合同或信用证中有对包装的说明，则在此项中显示。

（8）包装件数、种类与商品名称。一般分三行填报：第一行填写商品名称，如“FROZEN PEAPODS”；第二行填写商品的包装情况，如“20KGS/CTN”；第三行填写总包装件数，即最大包装数量，如“1 500 CTNS”。

（9）毛重、净重。如信用证中无特别规定，一般要求显示货物的总毛重。如果每件货物的包装方式、大小或重量不等，则要显示每件包装的单位毛、净重，然后显示总毛、净重。毛重必须与提单保持一致。

一般分两行填报：第一行填写包装的单位重量，并在单位重量前加单位符号“@”；第二行填报总重量。

(10) 体积。一般要求显示货物的总体积，与提单保持一致。填写方法与毛重、净重填写方法相同。

(11) 签名。缮制规范同发票。

(12) 份数。缮制规范同发票。

(13) 更正。缮制规范同发票。

任务 3　汇票的缮制

3.3.1　汇票基础知识

1. 汇票的定义

汇票（Bill of Exchange；Bill；Exchange；Draft）是国际贸易结算中最常用的一种票据。2004 年修订的《中华人民共和国票据法》对汇票做出如下定义：汇票是出票人签发的，委托付款人在见票时或在指定日期无条件支付确定的金额给收款人或持票人的票据。

2. 汇票的特征

(1) 汇票关系中有三个基本当事人：出票人、付款人和收款人。其中出票人和付款人为票据义务人，收款人为票据权利人。

(2) 汇票是委托他人进行支付的票据。汇票的出票人仅仅是签发票据的人，不是票据的付款人，他必须另行委托付款人支付票据金额。

(3) 汇票通常都需要由付款人进行承兑，以确认其愿意承担绝对的付款义务。在付款人未承兑时，汇票上所载的付款人并无绝对的付款义务。

(4) 汇票是在见票时或指定的到期日无条件支付给持票人一定金额的票据。汇票不以见票即付为限，许多汇票都有一定的到期日，体现了汇票的信用功能。

(5) 汇票对于当事人，特别是出票人和付款人没有特别的限制，既可以是银行，也可以是公司、企业或个人。

3. 汇票的种类

(1) 根据汇票出票人身份不同，可分为银行汇票和商业汇票。

1) 银行汇票（Banker's Bill)。银行汇票是以银行为出票人，同时也以银行为付款人的汇票。

2) 商业汇票　(Commercial Bill)。商业汇票是以银行以外的其他公司、企业或个人为出票人的汇票。商业汇票的付款人可以是银行，也可能是银行以外的其他公司、企业或个人。外贸实际业务中使用的汇票通常都是商业汇票。

（2）根据汇票付款期限不同，可分为即期汇票和远期汇票。

1）即期汇票（Sight Bill）。即期汇票也称见票即付的汇票，是指汇票上没有到期日的记载或只明确记载见票即付，收款人或者持票人一经向付款人提示汇票、请求付款，该汇票即为到期，付款人就应当承担付款责任的汇票。

2）远期汇票（Time Bill；Usance Bill）。远期汇票是指汇票上记载了到期日，付款人在到期时承担付款责任的汇票。根据记载到期日方式的不同，又可以分为定日付款的汇票、出票后定期付款的汇票和见票后定期付款的汇票。

我国票据法规定，汇票既可以是即期汇票，也可以是远期汇票。在实际的票据使用过程中，银行汇票均为即期汇票，商业汇票多为远期汇票。

（3）根据汇票是否需要随附其他单据，可分为光票和跟单汇票。

1）光票（Clean Bill）。光票是在进行付款时无须随附其他单据的汇票，也就是票据法规定的通常汇票。银行汇票多是光票。

2）跟单汇票（Documentary Bill）。跟单汇票也称信用汇票或押汇汇票，是需要随附提单、仓单、保险单、装箱单、商业发票等单据才能进行付款的汇票。商业汇票一般为跟单汇票，在外贸实际业务中经常使用。

（4）根据承兑人不同，汇票可以分为银行承兑汇票和商业承兑汇票。

1）银行承兑汇票（Banker's Acceptance Bill）。银行承兑汇票是指付款人为银行并由银行进行承兑的汇票。信用证中使用的远期汇票即属于此种汇票。

2）商业承兑汇票（Commercial Acceptance Bill）。商业承兑汇票是指付款人为银行以外的公司、企业或个人并由其进行承兑的汇票。托收中使用的远期汇票即属于此种汇票。

3.3.2 汇票的票据行为

1. 出票

出票（Issue）是指出票人在汇票上填写付款人、付款金额、付款日期和地点以及受款人等项目，签字后交给受票人的行为。

2. 提示

提示（Presentation）是指持票人（Holder）将汇票提交付款人要求承兑或付款的行为，包括承兑提示和付款提示。远期汇票的持票人先提示付款人承兑，等汇票到期时，持票人再提示付款人付款。即期汇票则见票即付，无须承兑，因此其提示都是付款提示。

提示必须在一定的期限内完成，否则就丧失了对出票人及其前手的追索权，只能要求付款人付款。要求付款也要在一定的期限内完成，否则就会丧失汇票上的一切权利。

3. 承兑

承兑（Acceptance）是指远期汇票付款人承诺在汇票到期日支付汇票金额的行为。付款人在汇票第一次提示时在汇票正面写上“承兑”（Accepted）字样，注明承兑日期，签章后交还持票人，付款人此时就成为承兑人（Acceptor）。即期汇票是见票即付的，无须承兑。

我国票据法规定，汇票付款人应当自收到提示承兑的汇票之日起 3 日内承兑或拒绝承兑，付款人承兑汇票不能附有条件。承兑附有条件的，视为拒绝承兑。

4．付款

付款（Payment）是指持票人在规定时间内，在规定地点向付款人做付款提示，付款人向持票人支付汇票金额的行为。

即期汇票的付款人见票时必须付款，远期汇票付款人承兑后到期付款。付款后，汇票上的一切债权债务关系随即结束，汇票交付款人保留。

5．背书

背书（Endorsement）是汇票转让的一种手续，指汇票的受款人或持票人（背书人）在汇票的背面签名，或再加上受让人（被背书人）的名称，并把汇票交于受让人的行为。背书行为只适用于指示性抬头汇票，不适用于限制性抬头和来人抬头汇票。背书后，汇票的收款权利就转让给了受让人。对受让人而言，所有在其以前的背书人和出票人都是其前手。对出让人而言，所有在其转让后的受让人皆是其后手。前手对后手负有担保汇票必然被承兑或付款的责任。背书主要包括以下三种。

（1）记名背书（Special Endorsement）。背书人在汇票背面签名并写上被背书人的名字。被背书人可继续背书转让。

（2）空白背书（Endorsement in Blank）。背书人仅在票据背面签名而不记载被背书人的名字，所以空白背书也称无记名背书。我国票据法不允许汇票空白背书。

（3）限制性背书（Restrictive Endorsement）。限制性背书是背书人禁止汇票继续转让的背书。限制性背书后，指示性抬头汇票成为限制性抬头汇票，不能再进行背书转让，只有该被背书人才能向付款人要求付款。

在实际业务当中，远期汇票持有人如果想在汇票到期前先行取得票款，可以到银行或贴现公司办理贴现。贴现（Discount）是指远期汇票持有人将未到期的远期汇票背书转让给银行或贴现公司，银行或贴现公司从票面金额中扣取从贴现日至到期日的利息后，将余额付给持票人的业务。必须注意的是，并非所有汇票都能贴现。

6．拒付

拒付（Dishonor）是指付款人拒绝付款或拒绝承兑的行为。持票人提示汇票要求承兑时，遭到拒绝承兑，或者持票人提示汇票要求付款时，遭到拒绝，均称为拒付，也称为退票。除了拒绝承兑和拒绝付款外，付款人拒不见票、死亡或宣告破产，以致付款事实上已不可能时，也称拒付。

7. 追索

追索（Recourse）是指如果汇票在合理时间内提示遭到拒绝承兑，或在到期日提示却遭到拒绝付款，持票人立即产生追索权，他有权向背书人和出票人追索票款。所谓追索权，是指汇票遭到拒付，持票人对其前手有请求其偿还汇票金额及费用的权利。追索权必须在法律规定的时效内行使，而且按照有些国家的法律，持票人为了行使追索权应及时做出拒付证书。拒付证书是由付款地的法定公证人或其他依法有权做出证书的机构如法院、银行、公会、邮局等做出的证明拒付事实的文件，是持票人凭以向前手进行追索的法律依据。如拒付的汇票已经承兑，出票人可凭以向法院起诉，要求承兑汇票的承兑人付款。此外，汇票的出票人或背书人为了避免承担被追索的责任，可在出票或背书时加注“不受追索（Without Recourse）”字样。凡加注“不受追索”字样的汇票，在市场上很难转让流通。

8. 保证

保证（Guarantee）是指汇票债务人以外的第三人以担保特定的汇票债务人承担汇票付款为目的，在汇票上签章及记载必要事项的票据行为。出票人、背书人、承兑人都可作为被保证人。保证人与被保证人对汇票所负的责任完全相同。为承兑人保证时，应负付款之责；为出票人、背书人保证时，应负担保承兑和担保付款之责。

3.3.3 汇票的内容与缮制要求

1. 汇票的内容

外贸实际业务中使用的汇票并无统一的格式，但须根据法律规定记载必要事项。各国票据法对汇票内容的规定不完全相同，我国票据法规定汇票必须记载下列事项。

（1）表明“汇票”的字样。

（2）无条件支付的委托。

（3）确定的金额。

（4）付款人名称。

（5）收款人名称。

（6）出票日期。

（7）出票人签章。

汇票上未记载前款规定事项之一的，汇票无效。

在实际业务中，汇票通常还载有出票地点、付款期限和地点、利息与利率、付一不付二或付二不付一条款、汇票编号等。

图 3-4 是一个汇票的示例。

凭

1

Drawn under JANATA BANK DHAKA（LOCAL OFFICE）

信用证 第 号

L/C No. 0006598445782

日期 年 月 日

Date MAY 25 2011

按 息 付款

Payable with interest @________% per annum

号码 汇票金额 中国 广州 年 月 日

No.________Exchange for USD7635.38 GUANGZHOU CHINA 19

见票 日后（本汇票之副本未付）付

At 120 days sight of this FIRST of Exchange（Seccond of exchange being unpaid）

Pay to the order of BANK OF CHINA,GUANGZHOU BRABCH,GUANGZHOU 或其指定人

金额

The sum of US DOLLARS SEVEN THOUSAND SIX HUNDERD AND THIRTY FIVE AND CENTS THIRTY EIGHT ONLY

此致

TO: JANATA BANK, DHAKA（LOCAL OFFICE）

GUANGDONG TEXTILES IMPORT AND EXPORT

COTTON,YARN AND PIECE-GOODS COMPANY LTD.

盖章

图 3-4 汇票示例

2. 汇票的缮制要求

以下简称介绍常见的汇票内容的缮制要求。

（1）出票条款。出票（Drawn Under）条款也称出票根据，是信用证项下的汇票必载内容。若信用证对此有具体规定，则按信用证原文填写即可。若信用证未作具体规定，则出票条款应包括以下内容。

1）Drawn Under × ×（完整的开证行名称、地址）。

2）L/C No. × ×（信用证号码）。

3）Dated × ×（开证日期）。

托收业务中汇票出票条款一般为 “Drawn Under Contract No. ×× Against Shipment of ×× for Collection”（按某合同项下某货物装运办理托收）。

（2）汇票金额。汇票金额包括小写金额（Amount in Figures）和大写金额（Amount in Words）。我国票据法规定，汇票金额大小写必须一致，否则无效。货币（Currency）的名称也必须与信用证和发票的规定一致。

1）小写金额。用货币名称缩写和阿拉伯数字，位于“Exchange for”后。例如，USD 31 552.11（保留至小数点后两位）。

2）大写金额。用文字表示，并在大写金额前用“SAY”表示“计”，在大写金额后用“ONLY”表示“整”，以防止涂改。大写金额位于“The Sum of”之后，用英文字母表示。例如，USD 31 552.11，大写表示为 SAY U.S.DOLLARS THIRTY ONE THOUSAND FIVE HUNDRED FIFTY TWO AND CENTS ELEVEN ONLY。

汇票金额必须是确定的，一般应与发票金额一致。如果信用证有特别规定，汇票金额也可低于发票金额，但一般不超过信用证规定的最高金额。

（3）出票日期。出票日期（Date of Presentation）对于见票即付的汇票起着决定提示时效的作用，对于出票后定期付款的汇票（如出票后 60 天付款）具有确定付款日期的作用。汇票的出票日期一般由议付行填写，议付日期一般就是出票日期。汇票的出票日期不得早于随附的其他单据的出单日，也不能迟于信用证的有效日期。

（4）出票地点。出票地点（Place of Presentation）通常显示在汇票的右上方，与出票日期连在一起，一般为议付地点或出票人所在地。

（5）付款日期。信用证业务中，汇票的付款日期（Date of Payment）主要分为两种形式:即期付款和远期付款。

1）即期付款。即期付款也称见票即付。在汇票付款期限一栏“At Sight”中间填上“***”或“----”等均可。

2）远期付款。表明在将来的某个时间付款，主要有四种表示方法：定日付款，如“On September15,2015”；出票后定期付款，如“At 60 Days After Date”；见票后定期付款，如“At 30 Days After Sight”；在特定事件发生日后定期付款，通常是“提单日/交单日后定期付款”，如“At 30 Days After B/L Date，April 6,2015”或“At 30 Days After Date of Presentation”。

托收时在汇票付款期限栏填写“D/P at sight”表示即期付款；填写“D/P ×× days'sight”表示远期付款交单；填写“D/A ×× days'sight”表示远期承兑交单。

（6）汇票当事人。一张汇票通常涉及出票人、受票人和收款人三方当事人。

1）出票人。出票人（Drawer）也称开票人（Issuer），出票人的名称一般填写在汇票的右下方。信用证出口结汇时一般都由出口企业填写，并要填写企业全称和法人代表或经办人的签字或盖章，否则汇票无效。

2）受票人。受票人（Drawee）也称付款人（Payer），在汇票中表示为“To ××”（此致某某）。通常信用证中会规定汇票受票人必须是开证行或开证行指定的另一家银行。填制时应详细填写银行名称和地址。如果信用证要求开立汇票而又未明确受票人时，以开证行为受票人。托收结汇时汇票受票人填写进口商名称和地址。

3）收款人。收款人（Payee）也称受款人，是汇票的抬头人，是出票人指定的接受票款的人（可以是出口商或其指定的人）。汇票的抬头人通常有以下三种写法。

① 记名抬头或指示性抬头，也就是在汇票中载明收款人的名称。我国一般以议付行或其指定人为付款人。这种抬头的汇票可以由持票人背书转让，在外贸业务中使用最多。常见的表示方法有“Pay to ××”“Pay to the order of ××”“Pay to ×× or order”。

② 限制性抬头。这种抬头的汇票不能背书转让，实际业务中很少使用。常见表示方法有“Pay to ×× only”“Pay to ×× not transferable”。

③ 持票人抬头或来人抬头，即汇票上未载明收款人名称。这种抬头的汇票不经持票人背书也可以转让，风险太大。我国禁止使用来人抬头汇票。常见表示方法有“Pay to the bearer”“Pay to the holder”。

托收结汇时汇票收款人填写托收行名称。

另外，汇票当事人还可能包括承兑人（Acceptor）、背书人（Endorser）、被背书人（Endorsee）、保证人（Guarantor）和持票人（Holder）等。

（7）利率与利息条款。若远期信用证有条款规定汇票金额包含利息且须在汇票中载明，则由结汇银行在利率栏“Payable with interest ×× %”内列明。

（8）号码。在实际业务中，号码（No.××）栏一般填写相应的发票号码或空白不填。

（9）“付一不付二”或“付二不付一”条款。为防止丢失，实际业务中汇票一般是两联正本。第一联（The First Exchange）上通常都写明“付一不付二（Second of Exchange Being Unpaid）”，第二联（The Second Exchange）则写明“付二不付一（First of Exchange Being Unpaid）”。汇票第一联和第二联内容相同，法律效力一样，付款人对其中一份付款后，另一份自动失效。

任务 4　附属单据的缮制

3.4.1　装船通知

1. 装船通知的含义与作用

装船通知（Shipping Advice）也称装运通知，是出口商在订妥舱位或货物装船后发给进口商的书面通知。其目的是让进口商了解货物已经装船发运，可以准备付款接货。有时进口商为了督促出口商履行通知的义务，就在信用证中要求受益人在交单时提交装船通知的副本作为议付单据之一。

出口商在装船后及时发出装船通知是十分重要的。在以 CIF、CIP 术语成交的交易中，装船通知可让进口商了解货物的装运情况，并做好接货准备。在 FOB、CFR、FCA、CPT 等条件下成交的合同，需进口商自行办理货物保险的凭证，装船通知应在装船后立即发出，以便进口商办理投保手续。买方为了避免因疏忽未及时通知，所以在信用证中明确规定，卖方必须按时发出装船通知，并规定通知的内容，而且在议付时必须提供该装船通知的副本，与其他单据一起向银行议付。因而装船通知也是提交银行结汇的单据之一。

2．装船通知的内容与缮制

装船通知并无统一格式，其内容一定要符合信用证的规定。装船通知的主要内容和缮制要求如下。

（1）出口商名称。装船通知应标明出口商，一般出口商的名称已事先印好。

（2）单据名称。装船通知的名称叫法各异，如“SHIPPING ADVOICE”“SHIPPING STATEMENT”“SHIPMENT DETAILS”“INSURANCE DECLARATION”等。当以信用证为支付方式时，应按照信用证的规定。

（3）抬头。指收受装船通知的人，可以是买方、信用证申请人或买方指定的保险公司，也可以用统称，如“WHOM IT MAY CONCERN”。

（4）各种参考号码。参考号码使该装船通知与其他单据有机地联系起来，一般应标明发票号码、信用证号码、提单号码等。若发送装船通知的目的是让买方及时投保，一般还有预约保单号码。

（5）货物的有关情况。应包括唛头、商品名称、数量、包装件数、总值等。

（6）有关装运情况。一般应包括装运港、目的港、转运港、装载船名、预计装船日期、预计到达日期等。

（7）发电日期。发电日期不能超过信用证规定的日期，如装船内 2 天（WITHIN TWO DAYS AFTER SHIPMENT DATE）。如果信用证规定“IMMEDIATELY AFTER SHIPMENT”（装船后立即通知），应掌握在提单日期后的 3 天之内。

（8）其他。信用证规定的其他需要加注的内容。

（9）签署。装船通知一般不需要签署，但合同和信用证有规定时，应按规定签署。

图 3-5 是一个装船通知的示例。

GUANGDONG LIGHT ELECTRICAL APPLIANCES COMPANY LIMITED 52,DEZHENG ROAD SOUTH GUANGZHOU CHINA

FAX:+862083326678
OUR REF.No.:GUR45786798
TO MESSERS:A.B.C.CORP.AKEDSANTERINK AUTO
P.O.BOX.9,FINLAND

SHIPPING ADVICE

NAME OF COMMODITY:	HALOGEN FITTING W600
QUANTITY:	900CARTONS
INVOICE VALUE:	CIF USD 36,480.00
NAME OF CARRYING STEAMER:	DONGFANGHONG
DATE OF SHIPMENT:	MAY.20,2015
SHIPPING MARKS:	N/M
CREDIT No.:	LRT4578962
PORT OF LOADING:	GUANGZHOU
PORT OF DISCHARGE:	HELSINKI

GUANGDONG LIGHT ELECTRICAL APPLIANCES CO.,LTD.

图 3-5 装船通知示例

3.4.2 受益人证明

1. 受益人证明的含义

受益人证明（Beneficiary's Certificate）是信用证方式下，出口商根据信用证要求出具的证明其已经履行某种义务或办理某项工作的单据。这是由受益人自己出具的证明，以便证明自己履行了信用证规定的条款，如证明所交货物品质，证明运输包装处理，证明已按要求寄单、发电等。

2. 受益人证明的内容

实务中常见的受益人证明，一般是关于商品品质、包装、已发装船通知、已寄样品或副本单据等情况的证明。其内容多样，格式简单，可以根据信用证的规定出具并正式签章。受益人证明一般不分正本、副本，但若来证要求正本，则可在受益人证明的上方注明“Original”。

缮制时一般包含的内容如图 3-6 所示。

CHINA NATIONAL METALS AND MINERALS EXP&IMP CORP JIANGSU BRANCH.
201 ZHUJIANG ROAD,NANJING,JIANGSU,CHINA
BENEFICIARY'S CERTIFICATE
TO:WHOM IT MAY CONCER DATE:2015.12.21
RE:L/C No.:× ×, INV: × ×
WE HEREBY CERTIFY THAT THREE SETS OF EACH NON-NEGOTIABLE B/L HAVE BEEN AIRMAILED DIRECT TO THE BUYER IMMEDIATELY AFTER SHIPMENT.
CHINA NATIONAL METALS AND MINERALS EXP&IMP CORP JIANGSU BRANCH.
× × SIGNATURE

图 3-6 受益人证明示例

3.4.3 船公司证明

1. 船公司证明的含义及种类

(1) 船公司证明的含义。船公司证明（Shipping Company's Certificate）是船公司出具的单据，是进口商为了满足政府需要，或者为了了解货物运输情况等要求出口商提供的单据。其示例如图 3-7 所示。

ITINERARY CERTIFICATE
TO:WHOME IT MAY CONCERN PLACE:
RE:S.S....
THIS IS TO CERTIFY THAT S.S. ... FLYING THE PEOPLE'S REPUBLIC OF CHINA FLAG, WILL NOT CALL AT ANY ISRAELI PORTS DURING THIS VOYAGE, AND SHE IS NOT BLACK LISTED BY THE ARAB COUNTRIES.
× × SIGNATURE

图 3-7 船公司证明示例

(2) 船公司证明的种类。常见的船公司证明有以下几种。

1）船龄证明。船龄证明（Certificate of Vessel's Age）是一种船公司出具的说明载货船舶船龄的证明文件。一般船龄要求在 15 年之内，如在 15 年以上则为超龄船只。一般进口商会将此规定在信用证或合同内，如信用证或合同内有此条款，出口商须请船公司出具船龄证明。中东有些来证，因保险费率问题，规定装载船舶的船龄不得超过 15 年，受益人必须要求船公司或船代理出具装载船龄证明。

2）船级证明。船级证明（Certificate of Classfication）是一种船公司出具的证明载货船舶符合一定船级标准的文书。

3）船籍证明。船籍证明（Certificate of Ship's Nationality）是船公司说明装载货物船舶的国籍证明文件。如信用证中规定了这样的条款，船公司必须出具该证明信，以确定船舶的国籍。这种信用证常来自阿拉伯国家。船籍证明与航程证明（Certificate of Voyage）常常合并在一起出立。

4）转船通知证明。转船通知证明（Certificate of Transshipment Advice）是由船长、船方代理人或发货人证明载货船舶在中途转船，并且由转运人负责将有关转船事项通知收货人的一种文件。如信用证规定必须出具此证明，证明转船时必须通知收货人第二程的船名。

5）船长收据。船长收据（Captain's Receipt）是船长收到随船带交给收货人的单证时的收单证明。进口商为防止单据迟于货物到达或其他原因，常要求出口商将某些单据或一套副本或正本单据在装船时交给载货船舶的船长，随船带交给收货人。船长收据即出口商将单据交给船长后，由船长签发的收单证明文件。

船长收据一般注明收到单据的种类、份数，并声明将于船舶到达目的地后交给指定人。

6）黑名单证明信。黑名单证明信（Black List Certificate）是某些阿拉伯国家将一些与以色列有业务往来的船舶及公司列出的名单，若那些公司及船舶被列入黑名单，阿拉伯国家将不允许它们与本国发生运输业务关系。在阿拉伯国家开出的信用证或合同中常常有此条款规定。因此船公司出具的证明要满足信用证条款的要求。

2. 船公司证明的主要内容及缮制要求

以上所列的船公司证明在缮制的时候没有固定的格式，可以根据信用证的规定出具并正式签章。缮制时一般包含以下内容。

(1) 单据名称。单据上应有适当的名称，按照合同或信用证要求填制。

(2) 收件人名称和地址。如果合同或信用证中没有特别规定，可以直接写成“TO WHOM IT MAY CONCERNED”。

(3) 出具证明的日期。其日期不能超过信用证的有效期。

(4) 参照号码。应提供相应的合同号、信用证号或发票号。

(5) 证实的内容。必须与信用证一致。

(6) 签署。由船公司出具及签名。

操作实训 3-1 商务单证的缮制

实训目的：掌握商业发票、装箱单和汇票的缮制规范。

实训要求：能够根据背景资料准确缮制商业发票、装箱单、汇票。

资料

卖　　方：SUZHOU IMPORT & EXPORT TRADE CORPORATION
　　　　321 FENGXIAN ROAD SHANGHAI CHINA
买　　方：TANJIN-DAIEI CO.， LTD.SHIBADAIMON
　　　　MF BLDG， 2-1-16， SHIBADAIMON MINATO-KU， OSAKA， 105 JAPAN
货　　名：红茶（BLACK TEA）
单　　价：ART NO.555　USD 110.00/KG、ART NO.666 USD 100.00/KG、
　　　　ART NO.777 USD 90.00/KG　　CIF OSAKA
数　　量：ART NO.555 100KGS、ART NO.666 110KGS、ART NO.777 120KGS
包　　装：每5公斤装1箱（ PACKED IN ONE CARTON OF 5 KGS EACH）
　　　　装一个20英尺的集装箱（编号：GATU0506118）（整箱）
毛　　重：ART NO.555　5KGS/CTN、ART NO.666　5KGS/CTN、ART NO.777 6 KGS/CTN
净　　重：每箱4KGS　　体　　积：每箱0.2CBM
唛　　头：自编一个标准化唛头
开 证 行：FUJI BANK　1013,SAKULA OTOLIKINGZA MACHI OSAKA JAPAN
议付行：BANK OF CHINA SUZHOU BRANCH
支付条件：L/C AT SIGHT　　信用证号：XT173　开证日期：MAY 10， 2015
正本提单份数：3份
发票编号：TX0522　　发票日期：2015年6月1日
合 同 号：TXT264
装 运 港：苏州港（SUZHOU PORT）目的港：大阪港（OSAKA PORT）
装运日：2015年6月20日　　　　出票人姓名：黄河

请缮制商业发票、装箱单和汇票。

能力考核表

专业能力实训成绩考核表

<table>
<tr><th colspan="2">专业能力</th><th>评估标准</th><th>分项成绩</th></tr>
<tr><td colspan="2" rowspan="2">1. 掌握发票的基本内容</td><td>（1）能够准确分析信用证中的发票条款</td><td>15</td></tr>
<tr><td>（2）能够掌握不同发票的缮制规范</td><td>15</td></tr>
<tr><td colspan="2" rowspan="2">2. 掌握包装单据的基本内容</td><td>（1）能够准确分析信用证中的包装单据条款</td><td>10</td></tr>
<tr><td>（2）能够掌握不同包装单据的缮制规范</td><td>10</td></tr>
<tr><td colspan="2" rowspan="2">3. 掌握汇票的基本内容</td><td>（1）能够准确分析信用证中的汇票条款</td><td>15</td></tr>
<tr><td>（2）能够掌握不同汇票的缮制规范</td><td>15</td></tr>
<tr><td colspan="2" rowspan="2">4. 掌握不同附属单据的基本内容</td><td>（1）能够准确分析信用证中关于附属单据的规定</td><td>10</td></tr>
<tr><td>（2）能够掌握受益人证明、船公司证明、装运通知的缮制规范</td><td>10</td></tr>
<tr><td colspan="3">总成绩 Σ 100</td><td></td></tr>
<tr><td>教师评语</td><td colspan="3">签名：
年　月　日</td></tr>
<tr><td>学生意见</td><td colspan="3">签名：
年　月　日</td></tr>
</table>

项目 4

运输与保险单证实训

学习目标

知识目标

- 了解运输单据的概念、种类，熟悉其流程及审核标准。
- 熟悉海运提单的概念，掌握其缮制方法。
- 熟悉航空货物运输主要流程和航空运单的内容及缮制要求。
- 了解铁路运单、邮包收据及多式联运单据的主要内容。

能力目标

工作任务	能力目标
运输单据认知	1．了解运输单据的概念和种类 2．熟悉运输单据流程 3．熟悉运输单据审核标准
海运提单的缮制	1．熟悉海运提单的概念 2．掌握海运提单的缮制方法
航空货物运输托运与单据	1．熟悉航空货物运输的总运单与分运单 2．熟悉航空货物运输的主要流程 3．熟悉航空运单的内容及缮制要求
其他运输单据	1．熟悉铁路运单的种类 2．熟悉邮包收据的概念和种类

续表

工作任务	能力目标
	3．了解多式联运单据的相关内容
货物运输保险单证的缮制	1．了解保险单证的定义和种类 2．掌握保险单证的缮制方法 3．能够独立填制海运提单

任务1　运输单据认知

4.1.1　运输单据的概念

运输单据是国际贸易的基本单据之一，是指托运人将货物移交给承运人办理装运时，由承运人或其他代理人签发的一种收货凭证，是承运人与托运人之间的运输契约的证明。它是表明已装船或发运或接受监管的单据，也是结汇中最重要的单据，表明国际贸易项下的进出口货物以何种运输方式从出口国运至进口国。

运输单据分为两类：一类具有物权凭证，可以进行转让，如海运提单、多式联运提单等。另一类不具有物权凭证，如航空运单、铁路运单、邮包收据等。

4.1.2　运输单据的种类

1．海运提单

（1）海运提单的定义。海运提单（Ocean Bill of Lading）简称提单，是承运人收到货物后出具的货物收据，也是承运人所签署的运输契约的证明，还代表所载货物的所有权，是一种具有物权特性的凭证。其详细定义见任务2。

（2）海运提单的作用。

1）提单是承运人或其代理人签发的货物收据，证实已按提单所列内容收到货物。

2）提单是代表货物所有权的凭证，收货人或提单的合法持有人有权凭提单向承运人提取货物。由于提单是一种物权凭证，因而可以转让或抵押。

3）提单是承运人与托运人之间运输协议的证明，是承运人与托运人处理双方在运输中的权利和义务问题的主要依据。

4）提单是收取运费的证明，以及在运输过程中起到办理货物的装卸、发运和交付等方面的作用。

5）提单是向船公司或保险公司索赔的重要依据。

2．航空运单

（1）航空运单的定义。航空运单（Airway Bill，AWB）是承运人与托运人之间签订的运输契约，也是承运人或其代理人签发的货物收据。航空运单还可作为核收运费的依据和海关查验放行的基本单据。但航空运单不是代表航空公司的提货通知单。在航空运单的收货人栏内，必须详细填写收货人的全称和地址，而不能做成指示性抬头。

（2）航空运单的分类。

1）总运单。总运单上记载的发、收货人分别为集中托运商和其目的港的分拨代理商，记载的货物也是所有托运人的货物总件数、总体积和总重量。

2）分运单。分运单上记载的是出口货物的真正发货人和收货人。

3．铁路运单

铁路运输分为国际铁路联运和通往我国港澳地区的国内铁路运输，分别使用国际铁路货物联运单和承运货物收据。当通过国际铁路办理货物运输时，在发运站由承运人加盖日戳签发的运单叫“铁路运单”（Railway Bill）。铁路运单是由铁路运输承运人签发的货运单据，是收、发货人同铁路之间的运输契约。

4．邮包收据

邮包收据是邮包运输的主要单据，它既是邮局收到寄件人的邮包后所签发的凭证，也是邮局方和发货方之间运输契约的凭证，但不能凭以提货。当邮包发生损坏或丢失时，它还可以作为索赔和理赔的依据。但邮包收据不是物权凭证。

5．多式联运单据

多式联运单据（Multimodal Transport Documents，MTD 或 Combined Transport Documents，CTD）是指证明国际多式联运合同成立及证明多式联运经营人接管货物，并负责按照多式联运合同条款交付货物的单据。

多式联运单据由承运人或其代理人签发，其作用与海运提单相似，既是货物收据，也是运输契约的证明。在单据做成指示抬头或不记名抬头时，可作为物权凭证，经背书可以转让。

4.1.3 运输单据的业务流程

运输单据的业务流程如图 4-1 所示。

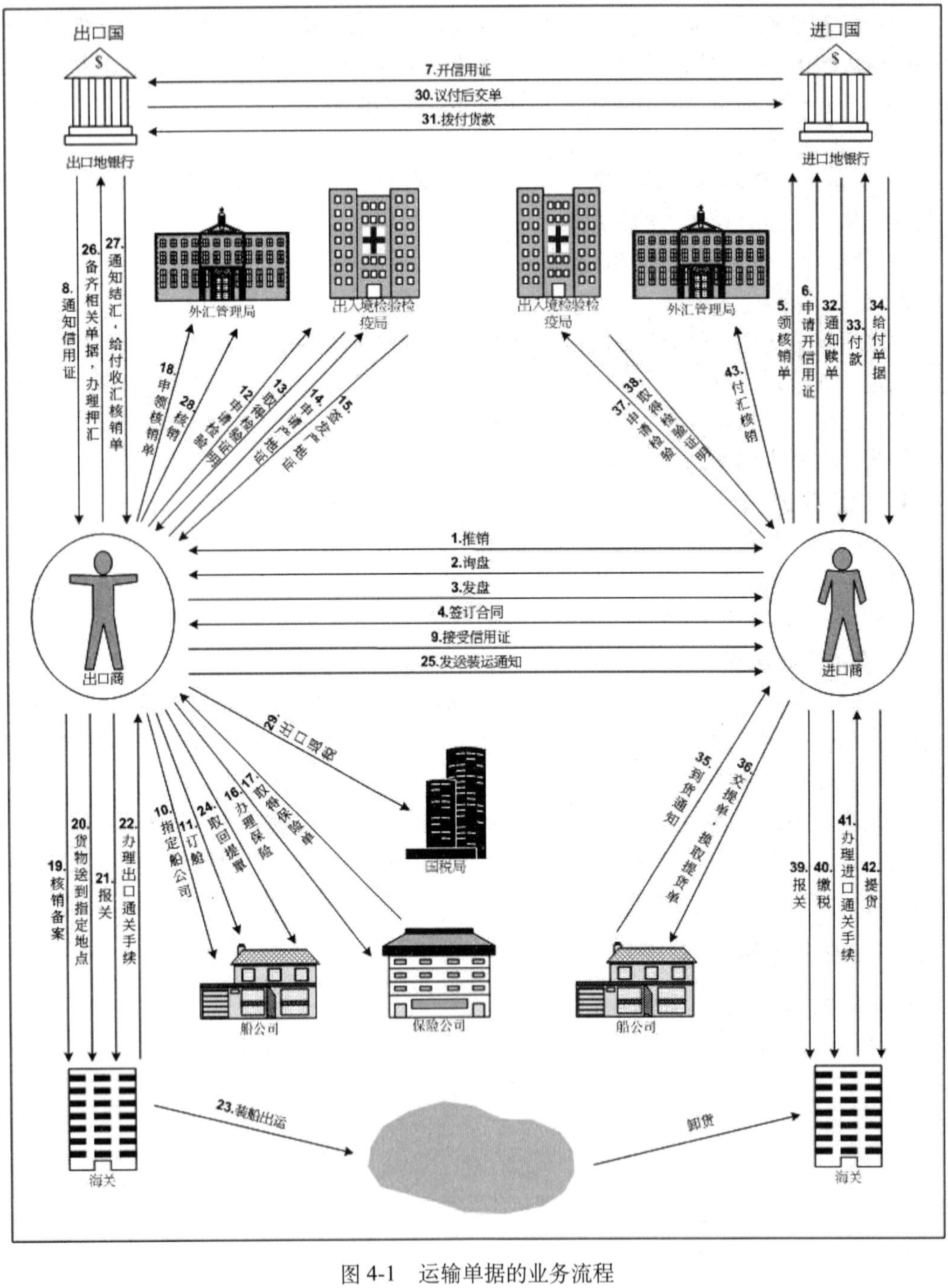

图 4-1　运输单据的业务流程

4.1.4　运输单据的审核标准

1．根据信用证条款审核

根据以下信用证条款内容审核运输单据。

（1）对信用证本身的说明，如其种类、性质、有效期及到期地点。

（2）对货物的要求。根据合同进行描述。

（3）对运输的要求。

（4）对单据的要求，即货物单据、运输单据、保险单据及其他有关单证。

（5）特殊要求。

（6）开证行对受益人及汇票持有人保证付款的责任文句。

（7）国外来证大多数均加注："除另有规定外，本证根据国际商会《跟单信用证统一惯例》即国际商会 600 号出版物（《UCP 600》）办理。"

（8）银行间电汇索偿条款（T/T Reimbursement Clause）。

2．根据《UCP 600》的全部条文审核

（1）《UCP600》的适用范围。《UCP600》是一套规则，适用于所有的其文本中明确表明受本惯例约束的跟单信用证（以下称信用证）（在其可适用的范围内，包括备用信用证）。除非信用证明确修改或排除，本惯例各条文对信用证所有当事人均具有约束力。

（2）《UCP 600》的条文。

1）通知行。指应开证行的要求通知信用证的银行。

2）申请人。指要求开立信用证的一方。

3）银行工作日。指银行在其履行受本惯例约束的行为的地点通常开业的一天。

4）受益人。指接受信用证并享受其利益的一方。

5）相符交单。指与信用证条款、本惯例的相关适用条款及国际标准银行实务一致的交单。

6）保兑。指保兑行在开证行承诺之外做出的承付或议付相符交单的确定承诺。

7）保兑行。指根据开证行的授权或要求对信用证加具保兑的银行。

8）信用证。指一项不可撤销的安排，无论其名称或描述如何，该项安排构成开证行对相符交单予以交付的确定承诺。

9）承付。① 如果信用证为即期付款信用证，则即期付款。② 如果信用证为延期付款信用证，则承诺延期付款并在承诺到期日付款。③ 如果信用证为承兑信用证，则承兑受益人开出汇票并在汇票到期日付款。

10）开证行。指应申请人要求或代表自己开出信用证的银行。

11）议付。指指定银行在相符交单下，在其应获偿付的银行工作日当天或之前向受益人预付或同意预付款项，从而购买汇票（其付款人为指定银行以外的其他银行）及/或单据的行为。

12）指定银行。指信用证可在其处兑用的银行，如信用证可在任一银行兑用，则任何银行均为指定银行。

13）交单。指向开证行或指定银行提交信用证项下单据的行为，或指按此方式提交的单据。

14）交单人。指实施交单行为的受益人、银行或其他人。

3．根据《ISBP》的全部段落审核

《ISBP》（International Standard Banking Practice for the Examination of Documents under Documentary Credits）是国际商会在信用证领域编纂的国际惯例。《ISBP》不仅是各国银行、进出口公司信用证业务单据处理人员在工作中的必备工具，也是法院、仲裁机构、律师在处理信用证纠纷案件时的重要依据，它的生效在各国的金融界、企业界、法律界产生重大影响。

操作实训 4-1 认识运输单据

实训目的：了解各种运输单据的特性及使用要求。

实训要求：根据以下背景资料回答相关问题。

1．某提单显示如下内容。

Shipper: ABC Co., Ltd

Consignee: To Order

Notify Party: XYZ Co., Ltd

请问：

（1）该提单属于哪一类型的提单？

（2）该提单是否可以转让？如果可以转让，通过什么方式进行转让？

（3）该提单由谁首先进行背书？

（4）该提单是否一定要经过 XYZ Co., Ltd 背书？

2．某信用证规定如下内容。

Applicant: Nissho Iwai Corporation

Beneficiary: China National Mine Import and Export Corp.

Pre-Advice: Bank of China, Beijing Branch

Full set of clean on board marine Bill of Lading made out to order of shipper blank endorsed marked freight prepaid and notify applicant.

请问：

（1）该信用证项下的提单发货人、收货人、通知人如何填制？

（2）提单上运费的支付方式如何填报？

（3）该提单属于哪一类型？

3．海运提单有哪些主要作用？提单的“空白抬头、空白背书”是指什么？

任务 2　海运提单的缮制

4.2.1　海运提单概述

1．海运提单的概念

海运提单（Marine Bill of Lading 或 Ocean Bill of Lading）简称提单（B/L），是由船长或承运人或其代理人签发的，证明收到其承运的货物或已装船，并将约定的货物运至特定的目的地，并交付于收货人或提单持有人的物权凭证，也是承运人和托运人之间运输合同的证明。海运提单范本如图 4-2 所示。

《汉堡规则》给提单下的定义是：“提单是指证明海上运输合同和货物由承运人接管或装载以及承运人保证凭以交付货物的单据。单据中关于货物应按记名人的指示或不记名人的指示交付或交付给提单持有人的规定，即这一保证。”

2．海运提单的关系人

海运提单的关系人主要包括承运人（Carrier）、托运人（Shipper）和收货人（Consignee）。

（1）承运人。也称船方，可能是船舶的所有人，即船东，或者租船人。提单是承运人收到货物的收据，也是代表货权的凭证。《UCP 600》第 23 条对银行接受提单的条件是，提单表面要注明承运人的名称。

（2）托运人。也称发货方，一般是买卖合同中的卖方。

（3）收货人。收货人是提单的抬头人，有在目的港凭提单向承运人要求提货的权利。

根据提单抬头人的不同和背书转让，又出现以下关系人。

（1）受让人（Transferee 或 Assignee）。受让人是经过背书转让接受提单的人，也是提单的持有人。受让人有向承运人要求提货的权利。

（2）持有人（Holder）。持有人是经过正当手续持有提单的人。例如，不记名提单经过记名背书转让，或者空白背书，经过交付的受让人，可以凭提单领取货物。

Shipper		**BILL OF LADING** B/L No.:	
Consignee		**COSCO**	
Notify Party		中国远洋运输公司	
*Pre carriage by	*Place of Receipt	**CHINA OCEAN SHIPPING COMPANY**	
Ocean Vessel Voy. No.	Port of Loading		ORIGINAL
Port of discharge	*Final destination	Freight payable at	Number original Bs/L
Marks and Numbers	Number and kind of packages;Description	Gross weight	Measurement m^3
TOTAL PACKAGES(IN WORDS)			
Freight and charges			
			Place and date of issue
			Signed for the Carrier

*Applicable only when document used as a Through Bill of Loading

图 4-2　海运提单范本

（3）被通知人（Notify Party）。被通知人是收货人的代理人。空白抬头提单注明被通知人，便于承运人在货到目的港时，通知办理报关提货手续。在信用证方式下，被通知人往往是开证申请人（实际的买方），但因信用证是由银行开出的，在未付款赎单前，只能作为被通知人负责照顾货物，而没有货物所有权。

4.2.2　海运提单的缮制方法

各家船公司出具的提单格式不尽相同，但其内容基本一致。以下具体介绍其中的主要项。

1．托运人

一般即为出口企业、合同的卖方，在信用证这种支付方式下，也就是信用证中的受益人。如果开证人为了贸易上的需要，要求做第三者提单（Third Party's B/L）也可照办。《UCP600》允许银行接受第三者提单。

2．收货人

这是提单中的抬头，一般分为以下三种。

（1）指示性抬头。即在收货人栏内有指示（Order）字样，意思是承运人凭指示付货，它可以通过指示人的背书而进行转让。一般分为记名指示（to Order of ××）和不记名指示（to Order）两种。

（2）记名抬头。直接写明收货人名称，如 Consigned to ×××，它的特点是收货人已经确定，不得转让。

（3）不记名抬头。如 To Bearer，这种提单不需背书即可流通转让。

3．被通知人（Notify Party）

这是船公司在货物到达目的港时发送到货通知的收件人，有时即为进口人。在信用证项下的提单，如信用证上对提单被通知人有具体规定时，则必须严格按信用证要求填写。如果是记名提单且收货人又有详细地址的，则本栏可以不填。如果是空白指示提单或记名指示提单，则本栏必须填列被通知人名称及详细地址，否则船方就无法与收货人联系，收货人也不能及时报关提货，甚至货物会因超过海关规定申报时间而被没收。

4．前程运输（Pre-carriage by）

如货物需转运，则填写第一程船的船名（适合联运提单）；如货物不需转运，则本栏不必填写。

5．船名、航次［Ocean Vessel, Voyage No.（Voy. No.）］

应填列货物所装的船名及航次。一般按配舱回单上的船名、航次填写。

6．装运港（Port of Loading）

填写装运港名称，且要与信用证规定一致。

7．转运港（Port of Transshipment）

填写转运港口，如不转船，本栏空白。

8．目的港（Port of Discharge）

应填写货物实际卸下的港口名称。如是同名港口须加注国名。

9．最后目的地（Final Destination）

按信用证规定的目的地填写。如果货物的最后目的地为卸货港时，也可空白这一栏。

10．提单号码（B/L No.）

一般列在提单右上角。这个号码与装货单、大副收据或场站收据的号码是一致的。

11．唛头（Marks&Nos）

提单上的唛头必须与其他单据上的相一致。如果信用证规定有唛头，则应按信用证的规定制作。如无唛头或散装货，应注明“N/M”或“In Bulk”字样。

12．货物包装及件数（Nos.& Kinds of Pkgs.）

按货物装船的实际情况填写包装情况及总外包装件数。木箱（Wooden Case）、纸箱（Carton）、袋装（Bag）、纸板箱（Cardboard Box）等，不可笼统填为件（Packages）。一张提单有几种不同包装也应分别列明，在总数及大写部分则可以使用 Packages。托盘及集装箱也可作为包装填列，裸装有捆（Bundle）、件（Package），散装即 In bulk。

13．货物描述（Description of Goods）

允许使用货物的统称，但须与信用证用字相符。

14．货物毛重及尺码（Gross Weight/Measurement）

同装箱单上货物的总毛重和总尺码要一致。除信用证另有规定者外，一般以公吨为重量单位，以立方米为体积单位，小数要保留三位。

若信用证无特别规定，则只填总毛重和总体积。若为集装箱货，毛重包括货物的毛重和集装箱的皮重，体积则按集装箱计，一般一个 20 英尺的集装箱体积为 33.2CBM。

15．货物总包装件数的大写［(Total Number of Containers or Packages（In Words)］

本栏的内容要与 11 条一致，但要采用英语大写的形式填写。

16．提单要按信用证规定加注运费条款

即“Freight Prepaid”或“Freight to Collect”，并且注意与所用贸易术语的一致性。如系 FOB 出口，则运费可制作“运费到付”字样，除非收货人委托发货人垫付运费。

17．正本提单份数［Number of Original B(S)/L］

正本提单份数应按信用证规定签发，一般是 1~3 份，并用大写数字，如 ONE、TWO、THREE。如 L/C 仅规定 Full set，则可按习惯做两份正本，《UCP600》实行后，一份正本亦可视为 Full Set。正本提单都要提交银行作为议付单据。

18．提单的签发地点和签发日期（Place and Date of Issue）

除备运提单外均为装货完毕日期，装货日期不得迟于信用证规定的装运期，提单的签发地点应按装运地点填列。

地点一般在装运港所在地，日期按信用证要求，一般要早于或与装运期为同一天，要避免倒签提单和预借提单。

操作实训 4-2 海运提单的填制

实训目的：掌握海运提单的内容和缮制要求，学会独立填制海运提单。

实训要求：请根据以下信用证中的相关内容缮制海运提单空白提单，如图 4-3 所示。

APPLICANTS HEADER 0 700 1312 030703 SHBKCOPTNXXX 4876 4674316

*THE HONG KONG AND SHANGHAI BANKING CORP. LTD.

*HONG KONG

DOC. CREDIT NUMBER *20: 6764/05/12345B

DATE OF ISSUE 31C: 120216

EXPIRY *31D: DATE 120231 PLACE CHINA

APPLICANT *50: THOMAS INTERNATIONL COMPANY LIMITED

1/F WINFUL CENTRE, SHING YIN STREET
KOWLOON, HONG KONG

BENIFICIARY *59: FENGYUAN LIGHT INDUSTRIAL PRODUCTS
IMP. AND EXP. CORP.
P. O. BOX 789, SHANGHAI, CHINA

AMOUNT *32B: CURRENCY USD AMOUNT 10 560.00

……

PARTIAL SHIPMENTS 43P: NOT ALLOWED
TRANSSHIPMENT 43T: ALLOWED
LOADING IN CHARGE 44A: CHINA PORT
FOR TRANSPORTATION TO 44B: ANTWERP
LATEST DATE OF SHIPMENT 44C: 120515
DESCRIPIT OF GOODS 45A: APPLICANT'S ITEM No. HW-045 WOODEN HANGER, 66 000PCS, THE PACKING IS 100PCS PER STRONG EXPORT CARTON OF 3.00 CUFT @ USD16.00 PER CARTON CIF ANTWERP INCLUDING 3 PCT COMMISSION AS PER SALES CONFIRMATION No. 484LFVS15783
SHIPPING MARKS: GH -1904-001 （IN A DIAMOND）
C/NO:

DOCUMENTS REQUIRED 46A:
*3/3 CLEAN ON BOARD OCEAN BILL OF LADING MADE OUT TO OUR ORDER AND NOTIFY BAVARIAZ TRADING CO., LTD., 12F PHILIP CENTER 359 QUEEN AVENUE, BERLIN. MARKED FREIGHT PREPAID EVIDENCING SHIPMENT FROM CHINA PORT TO ANTWERP NOT LATER THAN MAY. 15, 2012

其他资料如下。

Port of Loading: Shanghai	Port of Transshipment: Hong Kong
S.S.: TONGMEI V. 155/FARROR	Date of B/L: MAY. 2, 2012
B/L No.: KEY48609	M: 55.44M^3
G.W.: 52.6KGS/CTN	N.W.: 50.4KGS/CTN

<table>
<tr><td>Shipper</td><td></td><td></td><td rowspan="5">BILL OF LADING B/L No.: KEY48609
COSCO
中 国 远 洋 运 输 公 司
ORIGINAL</td></tr>
<tr><td>Consignee</td><td></td><td></td></tr>
<tr><td>Notify Party</td><td></td><td></td></tr>
<tr><td>*Pre-carriage by</td><td>*Place of Receipt</td><td></td></tr>
<tr><td>Ocean Vessel</td><td>Voy. No.</td><td>Port of Loading</td></tr>
<tr><td>Port of Discharge</td><td>Place of Delivery</td><td>*Final Destination</td><td>No. of Original B(S)/L</td></tr>
</table>

Marks & Nos.	Nos. & Kinds of Pkgs	Description of Goods	Gross Weight	Measurement(m^3)

<table>
<tr><td colspan="5">TOTAL NUMBER OF CONTAINERS OR PACKAGES (IN WORDS)</td><td colspan="2"></td></tr>
<tr><td>Freight & Charges</td><td>Revenue tons</td><td>Rate</td><td>Prepaid</td><td>Collect</td><td>Prepaid At</td><td>Payable At</td></tr>
<tr><td colspan="3">Total Prepaid</td><td colspan="4">Place and Date of Issue</td></tr>
<tr><td colspan="3">(TERMS PLEASE FIND ON BACK OF ORIGINAL B/L)</td><td colspan="4">Signed for the Carrier</td></tr>
<tr><td colspan="7">*Applicable only when document used as a Through Bill of Lading</td></tr>
</table>

图 4-3　空白提单

任务 3　航空货物运输托运与单据

4.3.1　航空货物运输的总运单与分运单

总运单上记载的发、收货人分别为集中托运商和其目的港的分拨代理商，记载的货物也是所有托运人的货物总件数、总体积和总重量。

分运单上记载的是出口货物的真正发货人和收货人。

4.3.2　航空货物运输的主要流程

（1）出口企业填写国际货物托运委托书。

（2）货运代理人依委托书填制托运单，向航空公司订载。

（3）货运代理人制作操作交接单，并配发总运单或分运单。

（4）出口企业备好货后交代理人仓库，代理人查验、清点货物。

（5）出口企业或其代理人在货物起飞 24 小时前报关。

（6）货运代理人根据实际接收的货物进行配舱，并向航空公司作订舱正式申请。

（7）经航空公司确认舱位的货物，由货运代理人填制该货物的总运单和分运单。

（8）航空公司验收单货无误，即将货装上飞机。

4.3.3　航空运单的内容及缮制要求

航空运单与海运提单类似，也有正面、背面条款之分，不同的航空公司也会有自己独特的航空运单格式。所不同的是，船公司的海运提单可能千差万别，但各航空公司所使用的航空运单则大多借鉴 IATA（国际航空运输协会）所推荐的标准格式，差别并不大。在这里介绍这种标准格式，也称中性运单，如图 4-4 所示。其主要的栏目说明如下。

hipper's name and address	NOT NEGOTIABLE **Air Waybill** Issued by **beijing kinte world express co., ltd.**
Consignee's name and address Issuing Carrier's Agent Name and City **beijing kinte world express co., ltd.**	It is agreed that the goods described herein are accepted in apparent good order and condition (except as noted) for carriage SUBJECT TO THE CONDITIONS OF CONTRACT ON THE REVERSE HEREOF, ALL GOODS MAY BE CARRIED BY ANY OTHER MEANS. INCLUDING ROAD OR ANY OTHER CARRIER UNLESS SPECIFIC CONTRARY INSTRUCTIONS ARE GIVEN HEREON BY THE SHIPPER. THE SHIPPER'S ATTENTION IS DRAWN TO THE NOTICE CONCERNING CARIER'S LIMITATION OF LIABILITY. Shipper may increase such limitation of liability by declaring a higher value of carriage and paying a supplemental charge if required.
Agents IATA Code / Account No.	
Airport of Departure(Add. of First Carrier) and Requested Routing	Accounting Information

to	By first carrier	to	by	to	by	Currency	Declared Value for Carriage	Declared Value for Customs

Airport of Destination	Flight/Date	Amount of Insurance	INSURANCE-If carrier offers insurance and such insurance is requested in accordance with the conditions thereof indicate amount to be insured in figures in box marked"Amount of Insurance"

Handling Information

No. of Pieces（RCP） Rate Combination Point	Gross Weight	Rate Class	Chargeable Weight	Rate/Charge	Total	Nature and Quantity of Goods

Prepaid Weight charge Collect	Other Charges
Valuation Charge	
Tax	
Total Other Charges Due Agent	Shipper certifies that the particulars on the face hereof are correct and that insofar as any part of the consignment contains dangerous goods, such part is properly described by name and is in proper condition for carriage by air according to the applicable Dangerous Goods Regulations.
Total Other Charges Due Carrier	Signature of Shipper or his agent

Total Prepaid	Total Collect	Executed on____ at_____ Signature of issuing Carrier or as Agent	
Currency Conversion Rates	CC Charges in des. Currency		
For Carrier's Use Only at Destination	Charges at Destination	Total Collect Charges	AIR WAYBILL NUMBER

图 4-4 航空运单范本

1．发货人姓名、住址（Shipper's Name and Address）

填写发货人姓名、地址、所在国家及联络方法。

2．发货人账号（Shipper's Account Number）

只在必要时填写。

3．收货人姓名、住址（Consignee's Name and Address）

应填写收货人姓名、地址、所在国家及联络方法。与海运提单不同，因为航空运单不可转让，所以凭指示之类的字样不得出现。

4．收货人账号（Consignee's Account Number）

只在必要时填写。

5．承运人的代理人的名称和所在城市（Issuing Carrier's Agent Name and City）

若航空运单由承运人的代理人签发时，本栏填写实际代理人的名称及城市名。如果航空运单直接由承运人本人签发，本栏可空白不填。

6．代理人的 IATA 代号（Agent's IATA Code）

代理人的 IATA 代号，一般可不填。

7．代理人账号（Account Number）

本栏一般不需填写，除非承运人需要。

8．始发站机场及所要求的航线（Airport of Departure and Requested Routing）

填始发站机场或所在城市的名称即可。

9．支付信息（Accounting Information）

本栏只有在采用特殊付款方式时才填写。

10．往（To）

分别填入中转站机场的 IATA 代码。By First Carrier：填制第一承运人的全称或 IATA 代码。

11．承运人（By）

分别填入第一（二、三）段运输的承运人。

12．货币（Currency）

填入 ISO 货币代码。

13．收费代号（CHGS Code）

表明支付方式，一般不需填写。

14．运费及声明价值费（WT／VAL，Weight Charge／Valuation Charge）

此时可以有两种情况，预付（PPD，Prepaid）或到付（COLL，Collect）。如预付，在 PPD 中填入*，否则填在 COLL 中。需要注意的是，航空货物运输中运费与声明价值费支付的方式必须一致，不能分别支付。

15．其他费用（Other）

也有预付和到付两种支付方式。

16．运输声明价值（Declared Value for Carriage）

在本栏填入发货人要求的用于运输的声明价值。如果发货人不要求声明价值，则填入 NVD（No Value Declared）。

17. 海关声明价值（Declared Value for Customs）

发货人在此填入对海关的声明价值，或者填入 NCV（No Customs Valuation），表明没有声明价值。

18. 目的地机场（Airport of Destination）

填写最终目的地机场的全称。

19. 航班及日期（Flight/Date）

填入货物所搭乘航班及日期。

20. 保险金额（Amount of Insurance）

只有在航空公司提供代保险业务而客户也有此需要时才填写。

21. 操作信息（Handling Information）

可利用本栏填所需要注明的内容，如被通知人、飞机随带的有关商业单据名称、包装情况、发货人对货物在途时的某些特别指示、对第二承运人的要求等。

22. 货物件数和运价组成点 [No. of Pieces（RCP），Rate Combination Point]

填入货物包装件数，如 10 包即填 10。当需要组成比例运价或分段相加运价时，在本栏填入运价组成点机场的 IATA 代码。

23. 毛重（Gross Weight）

填入货物总毛重。

24. 重量单位

可选择公斤（Kg）或磅（Lb）。

25. 运价等级（Rate Class）

针对不同的航空运价共有六种代码，它们是 M（Minimum，起码运价）、C（Specific Commodity Rates，特种运价）、S（Surcharge，高于普通货物运价的等级货物运价）、R（Reduced，低于普通货物运价的等级货物运价）、N（Normal，45 公斤以下货物适用的普通货物运价）、Q（Quantity，45 公斤以上货物适用的普通货物运价）。

26. 商品代码（Commodity Item No.）

在使用特种运价时需要在本栏填写商品代码。

27. 计费重量（Chargeable Weight）

本栏填入航空公司据以计算运费的计费重量，该重量可以与货物毛重相同，也可以不同。

28. 运价（Rate/Charge）

填入该货物适用的费率。

29. 运费总额（Total）

本栏数值应为起码运费值或者是运价与计费重量两栏数值的乘积。

30．货物的品名、数量，含尺码或体积 [Nature and Quantity of Goods (incl. Dimensions or Volume)]

货物的尺码应以厘米或英寸为单位，尺寸分别以货物最长、最宽、最高边为基础，体积则是上述三边的乘积，单位为立方厘米或立方英寸。

31．计重运费/声明价值费/税费，预付或待付（Prepaid，Weight Charge/ Valuation Charge/ Tax，Collect）

分别记录运费、声明价值费和税费金额，有预付与到付两种方式。

32．应付代理人的其他费用合计（Total Other Charges Due Agent）

预付或到付代理人收取的其他费用。

33．应付承运人的其他费用合计（Total Other Charges Due Carrier）

预付或到付承运人收取的其他费用。

34．预付费用总额/到付费用总额（Total Prepaid/ Total Collect）

预付、到付的总金额。

35．其他费用（Other Charges）

指除运费和声明价值附加费以外的其他费用。根据 IATA 规则，各项费用分别用三个英文字母表示。本栏必须填入托运人或其代理的签字（打印、签字或盖章）。前两个字母是某项费用的代码，如运单费就表示为 AW（Air Waybill Fee）。第三个字母是 C 或 A，分别表示费用应支付给承运人（Carrier）或货运代理人（Agent）。

36．发货人或其代理人签字（Signature Of Shipper Or His Agent）

本栏填入托运人或其代理人的签字（打印、签字或盖章）及签单时间、地点。

37．承运人或其代理人签字 [Signature of Issuing Carrier or its Agent(s)]

和提单一样需表明代理人的身份。如果是承运人签字，需加注“As Carrier”，如果是代理人签字，需加注“As Agent(s)”。

38．航空运单号码 AIR WAYBILL NVMBER

航空运单的号码一般印在航空运单的左右上角或右下角。编号前三位一般是各国航空公司的代号，如中国民航的代号为 999，日本航空公司的代号为 131 等。后面几位由航空公司填入航空运单序号及检验号。

以上所有内容不一定要全部填入航空运单，IATA 也并未反对航空在运单中写入其他所需的内容。

操作实训 4-3　航空运单的填制

实训目的：熟悉进出口货物航空运单的填制规范。

实训要求：根据国际货物托运书（见图 4-5）填写航空运单（见图 4-6）。

上海世格物流有限公司

SHANGHAI DESUN LOGISTICS CO., LTD.　　　　**IATA**

国际货物托运书

SHIPPER'S LETTER OF INSTRUCTION

FASHION FORCE CO., LTD.
P.O.BOX 8935 NEW TERMINAL, ALTA,
VISTA OTTAWA, CANADA　　　　F01LCB05127

TO：

<table>
<tr><td>托运人</td><td colspan="5">NANJING TANG TEXTILE GARMENT CO., LTD.
HUARONG MANSION RM2901 No.85 GUANJIAQIAO,
NANJING 210005, CHINA</td></tr>
<tr><td>发货人
SHIPPER</td><td colspan="5">NANJING TANG TEXTILE GARMENT CO., LTD.
HUARONG MANSION RM2901 No.85 GUANJIAQIAO,
NANJING 210005, CHINA</td></tr>
<tr><td>收货人
CONSIGNEE</td><td colspan="5">FASHION FORCE CO., LTD.
P.O.BOX 8935 NEW TERMINAL, ALTA,
VISTA OTTAWA, CANADA</td></tr>
<tr><td>通知人
NOTIFY PARTY</td><td colspan="5"></td></tr>
<tr><td>起运港</td><td>SHANGHAI</td><td>目的港</td><td>MONTREAL</td><td>运费</td><td></td></tr>
<tr><td>标记唛头
MARKS</td><td>件数
NUMBER</td><td colspan="2">中英文品名
DESCRIPTION OF GOODS</td><td>毛重（公斤）
G.W (KGS)</td><td>尺码（立方米）
SIZE (M³)</td></tr>
<tr><td>FASHION FORCE
F01LCB05127
CTN No.
MONTREAL
MADE IN CHINA</td><td>2550PCS</td><td colspan="2">LADIES COTTON BLAZER
(100% COTTON, 40SX20/140X60</td><td></td><td></td></tr>
<tr><td colspan="3">1.货单到达时间：3.17 报关</td><td colspan="2">2.航班：OZ/3.18</td><td>运价：29/KG+50</td></tr>
<tr><td colspan="3">电　话：84217836
传　真：84217835
联系人：张海
地　址：上海市三环路 60 号世贸大厦 2401 室
托运人签字：NANGJING TEXTILE GARMENT CO.LTD</td><td colspan="3">★如改配航空公司请提前通知我司

（公章）

制单日期：　15　年　03　月　09</td></tr>
</table>

图 4-5　国际货物托运书

hipper's name and address	NOT NEGOTIABLE **Air Waybill** Issued by **beijing kinte world express co., ltd.**
Consignee's name and address Issuing Carrier's Agent Name and City **beijing kinte world express co., ltd.**	It is agreed that the goods described herein are accepted in apparent good order and condition (except as noted) for carriage SUBJECT TO THE CONDITIONS OF CONTRACT ON THE REVERSE HEREOF, ALL GOODS MAY BE CARRIED BY ANY OTHER MEANS. INCLUDING ROAD OR ANY OTHER CARRIER UNLESS SPECIFIC CONTRARY INSTRUCTIONS ARE GIVEN HEREON BY THE SHIPPER. THE SHIPPER'S ATTENTION IS DRAWN TO THE NOTICE CONCERNING CARIER'S LIMITATION OF LIABILITY. Shipper may increase such limitation of liability by declaring a higher value of carriage and paying a supplemental charge if required.
Agents IATA Code / Account No.	
Airport of Departure(Add. of First Carrier) and Requested Routing	Accounting Information

to	By first carrier	to	by	to	by	Currency	Declared Value for Carriage	Declared Value for Customs

Airport of Destination	Flight/Date	Amount of Insurance	INSURANCE-If carrier offers insurance and such insurance is requested in accordance with the conditions thereof indicate amount to be insured in figures in box marked"Amount of Insurance"

Handling Information

No. of Pieces（RCP）Rate Combination Point	Gross Weight	Rate Class	Chargeable Weight	Rate/Charge	Total	Nature and Quantity of Goods

Prepaid Weight charge Collect	Other Charges
Valuation Charge	
Tax	
Total Other Charges Due Agent	Shipper certifies that the particulars on the face hereof are correct and that insofar as any part of the consignment contains dangerous goods, such part is properly described by name and is in proper condition for carriage by air according to the applicable Dangerous Goods Regulations.
Total Other Charges Due Carrier	
	______________________ Signature of Shipper or his agent

Total Prepaid	Total Collect	Executed on____ at_____ Signature of issuing Carrier or as Agent	
Currency Conversion Rates	CC Charges in des. Currency		
For Carrier's Use Only at Destination	Charges at Destination	Total Collect Charges	AIR WAYBILL NUMBER

图 4-6 航空运单

任务 4 其他运输单据

4.4.1 铁路运单

铁路运单（Railway Bill）是铁路承运人收到货物后签发的货物收据，是收、发货人同铁路承运人的运输契约，如图 4-7、图 4-8 所示。铁路运单与海运提单不同，它不是物权凭证，所以收货人一栏不能做成指示性抬头，应做成记名抬头。

铁路运单一式两份，正本在签发后与货物同行，副本签发给托运人作为收到托运货物的收据。如果货物发生损失，托运人可凭副本向铁路承运人进行索赔。

我国对外贸易铁路运输按营运方式分为国际铁路联运和通往港澳地区的国内铁路运输，分别使用国际铁路货协铁路运单和承运货物收据。

1．国际铁路货协铁路运单

该运单为发送国铁路和发货人之间缔结的运输合同。运单签发，即表示承运人已收到货物并受理托运，装车后加盖承运日戳，即为承运。运单正本随同货物送至终点站交收货人，是铁路同收货人交接货物，核收运杂费用的依据。运单副本加盖日戳后是卖方办理银行结算的凭证之一。

2．承运货物收据（Cargo Receipt）

中国内地通过国内铁路运往港澳地区的出口货物，一般都委托中国对外贸易运输公司承办。货物装车发运后，由该公司签发一份承运货物收据给托运人，托运人以此作为结汇凭证。承运货物收据既是承运人出具的货物收据，也是承运人与托运人签署的运输契约。

4.4.2 邮包收据

邮包收据（Parcel Post Receipt）是邮包运输的主要单据，它既是邮局收到寄件人的邮包后所签发的凭证，也是收件人凭以提取邮件的凭证，当邮包发生损坏或丢失时，它还可以作为索赔和理赔的依据。但邮包收据不是物权凭证，不能凭以提货、背书转让，只能做成记名抬头，由经办邮局加盖日戳后成为有效凭证。

邮包按照运送方式分为三种：普通邮包、航空邮包和保价邮包。普通邮包用于海运或陆运，时间长，但收费低廉。航空邮包用于空运，速度快，但收费高。贵重物品还可通过付保价费而成为保价邮包。此外，近年来还出现了“邮政特快专递服务”，如 DHL、EMS 等方式，使邮寄货物更快、更安全。

货物指定于　月　日　　　　××铁路局

货位

货物运单

承运人/托运人　装车	
承运人/托运人　装车	

计划号码或运输号码：

运到期限　　日　　　托运人→发运人→到站→收货人　　货票第　　号

托运人					承运人						
发　站		到站（局）			车种车号			货车标重			
到站所属省（市）自治区					施封号码						
托运人 名　称					经　由			铁路货车篷布号			
托运人 住　址		电话									
收货人 名　称					运价里程			集装箱号码			
收货人 住　址		电话									
货物名称	件数	包装	货物价格	托运人确定重量（公斤）	承运人确定重量（公斤）	计费重量	运价类型	运价号	运价率	现付 费别	现付 金额
合　计											
托运人记载事项		保　险：			承运人记载事项						

注：本单不作为收款凭证，托运人签约需见背面。

托运人盖章或签字　　年　月　日

到站交付日期戳

发站承运日期戳

领货凭证

车种及车号

货票第　　号

运到期限　　日

发站		
托运人		
收货人		
货物名称	规格	重量
托运人盖章或签字		
发站承运日期戳		

注：收货人须知见背面

图 4-7　铁路运单范本（正面）

领货凭证、货物运单（背面）

领货凭证（背面）	货物运单（背面）
收货人领货须知： 1．收货人接到托运人寄交的领货凭证后，应及时向到站联系领取货物。 2．收货人领取货物已超过免费暂存期限时，应按规定支付货物暂存费。 3．收货人在到站领取货物，如遇货物未到时，应要求到站在本证背面加盖车站戳证明货物未到。	托运人须知： 1．托运人持本货物运单向铁路托运货物，证明并确认和愿意遵守铁路货物运输的有关规定。 2．货物运单所记载的货物名称、重量与货物的实际完全相符，托运人对其真实性负责。 3．货物的内容、品质和价值是托运人提供的，承运人在接收和承运货物时并未全部核对。 4．托运人应及时将领货凭证寄交收货人，此联系到站领取货物。

货物运单填写说明：

① “发站”栏和“到站（局）”栏，应分别按《铁路货物运价里程表》规定的站名完整填写，不得填写简称。“到站（局）”填写到达主管铁路局名的第一个字，如（哈）、（上）、（广）等，但到达北京铁路局的，则填写（京）字。

② “到站所属省（市）、自治区”栏，填写到站所在地的省（市）、自治区名称。托运人填写的到站、到达局和到站所属省（市）、自治区名称，三者必须相符。

③ “托运人”栏应该详细填写发货人姓名或发货单位的名称、所在地地址及联系电话。

④ “收货人”栏应该详细填写收货人姓名或收货单位的名称、所在地地址及联系电话。

⑤ “件数”栏，应按货物名称及包装种类，分别记明件数。若是集装箱运输，则以集装箱的个数为准，而不是按货物的件数计算。

⑥ “包装”栏按货物的外包装为准，若是集装箱货物，应在包装栏添写“集装箱”，并注明是几吨箱。

⑦ “货物价格”栏按货物的实际价格算。

⑧ “托运人确定重量（公斤）”栏，集装箱货物以集装箱的最大载重量算。

运单内各栏有更改时，在更改处，属于托运人填记事项的，应由托运人盖章证明；属于承运人记载事项的，应由车站加盖站名戳记。承运人对托运人填记事项除按《货物运单和货票填制办法》第 17 条规定内容可以更改外，其他内容不得更改。

图 4-8　铁路运单范本（背面）

图 4-9　邮包收据范本

4.4.3　多式联运单据

1．多式联运单据的定义

国际多式联运（International Multimodal Transport）是指按照多式联运合同，以至少两种不同的运输方式，由多式联运经营人将货物从一国境内接管货物的地点运到另一国境内指定交付货物的地点。为履行单一方式运输合同而进行的该合同所规定的货物接送业务，不应视为国际多式联运。国际多式联运是在集装箱运输的基础上产生和发展起来的一种综合性的连贯运输方式，它一般以集装箱为媒介，把海、陆、空各种传统的单一运输方式有机地结合起来，组成一种国际间的连贯运输。

多式联运单据是在多种运输情况下所使用的一种运输单据。这种运输单据虽与海运中的联运提单有相似之处，既是货物收据，也是运输契约的证明，在单据作成指示抬头或不记名抬头时，可作为物权凭证，经背书可以转让；但其性质与联运提单有别，联运提单承运人只对自己执行的一段负责，而多式联运承运人对全程负责；联运提单由船公司签发，包括海洋运输在内的全程运输，多式联运单据由多式联运承运人签发，也包括全程运输。其范本如图 4-10 所示。

<table>
<tr><td colspan="2">Shipper</td><td colspan="2" rowspan="5">B/L No.
中 国 对 外 贸 易 运 输 总 公 司
上海 SHANGHAI
联 运 提 单
COMBINED TRANSPORT
BILL OF LADING
RECEIVER the foods in apparent good order and condition as specified below unless otherwise stated herein. THE Carrier, in accordance with the provisions contained in this document,
1) undertakes to perform or to procure the performance of the entire transport form the place at which the goods are taken in charge to the place designated for delivery in this document, and 2) assumes liability as prescribed in this document for such transport One of the bills of Lading must be surrendered duty indorsed in exchange for the goods or delivery order</td></tr>
<tr><td colspan="2">Consignee or order</td></tr>
<tr><td colspan="2">Notify address</td></tr>
<tr><td>Pre-carriage by</td><td>Place of Receipt</td></tr>
<tr><td>Ocean Vessel</td><td>Port of Loading</td></tr>
<tr><td>Port of Discharge</td><td>Place of Delivery</td><td>Freight payable at</td><td>Number of original Bs/L</td></tr>
<tr><td colspan="4">Marks and Nos. Number and kind of packages Description of goods Gross weight(kgs.) Measurement(m^3)

ABOVE PARTICULARS FURNISHED BY SHIPPER</td></tr>
<tr><td colspan="2" rowspan="3">Freight and charges</td><td colspan="2">IN WITNESS whereof the number of original bills of Lading stated above have been signed, one of which being accomplished, the other(s) to be void.</td></tr>
<tr><td colspan="2">Place and date of issue</td></tr>
<tr><td colspan="2">Signed for or on behalf of the carrier</td></tr>
</table>

图 4-10 国际多式联运单据范本

2. 多式联运单据的内容

多式联运单据主要包括以下内容。

(1) 货物品类、识别货物所必需的主要标志，如属危险货物，其危险特性的明确声明，包数或件数、货物的毛重或其他方式表示的数量等，所有这些事项均由发货人提供。

(2) 货物外表状况。

(3) 多式联运经营人的名称和主要营业场所。

(4) 发货人名称。

(5) 收货人名称。

(6) 多式联运经营人接管货物的地点和日期。

(7) 交货地点。

(8) 经双方明确协议，在交付地点交货的日期或期间。

(9) 表示该多式联运单据为可转让或不可转让的声明。

(10) 多式联运单据的签发地点和日期。

(11) 多式联运经营人或经其授权的人的签字。

(12) 经双方明确协议，每种运输方式的运费；或者应由收货人支付的运费。包括用以支付的货币；或者关于运费由收货人支付的其他说明。

（13）在签发多式联运单据时已经确知，预期经过的路线、运输方式和转运地点。

操作实训 4-4　国际多式联运单据的填制

实训目的：熟悉国际多式联运单据各栏目的填制规范。

实训要求：依照所附国际多式联运单据（见图 4-11）回答下列问题：

（1）该单据应由谁首先背书？

（2）作为收货人的代理人，你如何知道找谁提货？

（3）收货人提货时应交出几份单据？

（4）收货人提货时是否应交出海运提单？

（5）卸货港是哪里？

（6）谁是承运人？

（7）该单据下有几个集装箱？

（8）XYZ Co. LTD. 是否一定是收货人？

（9）单据是否一定要经过 XYZ Co.LTD. 背书？

（10）该单据由谁签署？

BILL OF LADING　　　　NOT NEGOTIABLE UNLESS CONSIGNED "TO ORDER"

Shipper **Shanghai Tie Yang Multi Modal Transportation Co.,Ltd**	Country of Origin F/Agent Name &Ref	Bill of lading No. Shipper's Ref
Consignee (if "To Order" so indicate) **TO ORDER**	**TMT** **Multi Modal Transportation** Shang Hai Tie Yang Multi Modal Transpotation	
Notify Party (No claim shall attach for failure to notify) **XYZ CO.,LTD** **TEL NO：81-525-73256** **FAX: 81-525-73286**		

Place of Receipt	Intended Port of Loading **SHANGHAI**		
Intended Vessel **M.V.Gloria**	Intended Port of Discharge **YOKOHAMA**	Place of Delivery	No.of Bills of lading **THREE(3)**

Mark's&Numbers	No. of Pkgs. Or Shipping Units	Description of Goods &Pkgs	Gross Weight	Measurement
XYZ CO .,LTD **YOKOHAMA** **CARTON/No.1-80** **MADE IN CHINA**	**2 × 20'** **CY—CY** **SHIPPER'S LOAD** **COUNT AND SEAL**	**ALL COTTON** **CUSHIONS** **IN CARTON**	**1200.58KGS**	**8.98M^3**
	Total	Temperature Control Instructions		

Freight Details, Charges etc: **FTRIGHT PREPAID**	Excess Value Declaration:Refer to Clause 6(4)(B)+(C) on reverse side
JURISDICTION AND LAW CLAUSE The contract evidenced by or contained in this bill of lading is governed by the law of the People's Republic of China and any claim or dispute arising hereunder or in connection herewith shall be determined by the courts in the People's Republic of China.	RECEIVED by the Carrier the Goods as specified above in apparent good order and condition unless otherwise stated. To be transported to such place as agreed, authorised or permitted herein and subject to all the terms and conditions appearing on the front and reverse of this Bill of Lading to which the Merchant agree by accepting this Bill of Lading, any local privileges and customs notwithstanding.. The particulars given above as stated by the shipper and the weight, measure, quantity, condition, contents and value of the Goods are unknown to the carrier. In WITNESS wherever of one (1)original Bill of Lading has been signed if not otherwise stated above, the same being accomplished to other(s),if any, to be void, if required by the Carrier one(1)original Bill of Lading must be surrendered duly endorsed in exchange for the Goods or delivery order. Place and date of issue SHANGHAI Nov.20th, 2013 Signed on behalf of the Carrier: Shanghai Tie Yang Multi Modal Transportation Co.,Ltd by

SUBJECT TO THE TERMS AND CONDITIONS ON BACK

图 4-11　国际多式联运单据样本

任务 5　货物运输保险单证的缮制

4.5.1　保险单证的定义

货物运输保险单证简称保险单证，是保险公司对投保人的承担证明，也是保险公司与投保人的一种契约，它具体规定了双方的权利和义务。在被保险货物遭受损失时，保险单证是被保险人索赔的依据，也是保险公司理赔的主要依据，常见样式范本如图 4-12、图 4-13 所示。在国际贸易中，保险单证是可以转让的。

中国平安保险股份有限公司

PING AN INSURANCE COMPANY OF CHINA，LTD.

进出口货物运输险投保单

APPLICATION FOR IMP/EXP TRANPORTATION INSURANCE

被保险人
Insured：

本投保单由投保人如实填写并签章后作为向本公司投保货物运输保险的依据，本投保单为该货物运输保险单的组成部分。

The Applicant is required to fill in the following items in good faith and as detailed as possible,and affix signature to this application, which shall be treated as proof of application to the Company for cargo transportation insurance and constitute an integral part of the insurance policy.

兹拟向中国平安财产保险股份有限公司投保下列货物运输保险： Herein apply to the Company for Transportation Insurance of following cargo: 请将保险货物项目、标记、数量及包装注明此上。 Please state items, marks, quantity and packing of cargo insured here above.	请将投保的险别及条件注明如下： Please state risks insured against and conditions: (　) PICC (C.I.C.) Clause　(　) S.R.C.C. (　) ICC Clause　(　) W/W (　) All Risks　(　) TPND (　) W.A.　(　) FREC (　) F.P.A.　(　) IOP (　) ICC Clause A　(　) RFWD (　) ICC Clause B　(　) Risk of Breakage (　)ICC Clause C　(　) Risks during (　) Air TPT All Risks　(　) transshipment (　) Air TPT Risks (　) O/L TPT All Risks (　) O/L TPT Risks (　) War Risks

装载运输工具（船名/车号）：per conveyance S.S.　船龄：Age of Vessel　集装箱运输：Container Load　是□ Yes　否□ No　整船运输：Full Vessel Charter　是□ Yes　否□ No

发票或提单号 Invoice No. or B/L No.　开航日期：Slg. On or abt.　年 Year　月 Month　日 Day

自：国 From: Country　国 港/地 Country Port　港/地 Port　经：Via:　港/地 Port　至：To:

发票金额 Invoice Value:　保险金额 Amount Insured:

费率 Rate:　保险费 Premium:

备注 Remarks:

投保人兹声明上述所填内容属实，同意以本投保单作为订立保险合同的依据；对贵公司就货物运输保险条款及附加险条款（包括责任免除和投保人及被保险人义务部分）的内容及说明已经了解。

I declare that above is true to the best of my knowledge and belief, and hereby agree that the application be incorporated into the policy. I have read and understand the Company's cargo transportation insurance and extensions(including the Exclusions and the applicant's or insured's Obligations.

投保人签章：Name/Seal of Proposer　联系地址：Address of Proposer

送单地址：Delivery Address:　同上□ Ditto　或 or　电话：Tel:　日期：Date:　年 Year　月 Month　日 Day

图 4-12　进出口货物运输险投保单范本

中国平安保险股份有限公司

PING AN INSURANCE COMPANY OF CHINA，LTD.

No. 1000005959

货 物 运 输 保 险 单

CARGO TRANPORTATION INSURANCE POLICY

被保险人：Insured

中国平安保险股份有限公司根据被保险人的要求及其所交付约定的保险费，按照本保险单背面所载条款与下列条款，承保下述货物运输保险，特立本保险单。

This Policy of Insurance witnesses that PING AN INSURANCE COMPANY OF CHINA，LTD.，at the request of the Insured and in consideration of the agreed premium paid by the Insured，undertakes to insure the under mentioned goods in transportation subject to the conditions of Policy as per the clauses printed overleaf and other special clauses attached hereon.

保单号 Policy No.		赔款偿付地点 Claim Payable at
发票或提单号 Invoice No. or B/L No.		
运输工具 per conveyance S.S.		查勘代理人 Survey By：
起运日期 Slg. on or abt.	自 From	
	至 To	
保险金额 Amount Insured		
保险货物项目、标记、数量及包装： Description, Marks, Quantity & Packing of Goods：		承保条件 Conditions：
签单日期 Date：		For and on behalf of

PING AN INSURANCE COMPANY OF CHINA，LTD.

authorized signature

图 4-13　货物运输保险单范本

4.5.2　常用的保险单证

目前，常用的保险单证有保险单、保险凭证、联合凭证、预约保险单。

1．**保险单**（Insurance Policy）

保险单也称“大保单”，是投保人与保险公司之间订立的正式的保险合同。它除了在正面载明证明双方当事人建立保险关系的文字、被保险货物的情况、承保险别、理赔地点及保险公司关于所保货物如遇险可凭本保险单及有关证件给付赔款的声明等内容外，在背面还对保险人和被保险人的权利和义务作了规定。

2．**保险凭证**（Insurance Certificate）

保险凭证也称“小保单”，是一种简化了的保险合同，它与正式的保险单具有同样的效力。保险凭证只有正面的内容，无背面条款，但其一般标明按照正式保险单上所载保险条款办理。

3．**联合凭证**（Combined Certificate）

联合凭证也称“联合发票”，是一种将发票和保险单相结合的比保险凭证更为简化的保险单证。保险公司将承保的险别、保险金额及保险编号加注在投保人的发票上，并加盖印戳，其他项目均在发票上列明为准。这种单证只有我国采用，并且仅适用于对港、澳地区的出口业务。

4．**预约保险单**（Open Policy）

预约保险单也称“开口保险单”，它是被保险人和保险人之间订立的总合同。订立这种合同的目的是简化保险手续，又可使货物一经装运即可取得保障。合同中规定承保货物的范围、险别、费率、责任、赔款处理等条款，凡属合同约定的运输货物，在合同有效期内自动承保。

在我国，预约保险单适用于进口货物，凡属于预约保险单规定范围内的进口货物，一经起运，我国保险公司即自动按预约保险单所订立的条件承保。但被保险人在获悉每批货物装运时，应及时将装运通知书送交保险公司，并按约定办法缴纳保险费，即完成了投保手续。事先订立预约保险合同，可以防止因漏保或迟保而造成的无法弥补的损失，因为货物在未投保前出险，再向保险公司投保，照例不能被接受，当发生损失时，就得不到保险赔款。

预约保险单是经常有相同类型货物需要陆续分批装运时所采用的一种保险单。严格地讲，它是一种没有总保险金额限制的预约保险总合同，是保险人对被保险人将要装运的属于约定范围内的一切货物负自动承保责任的总合同。

4.5.3 保险单证的缮制方法

1．**正本份数**（Number of Original Policy）

当信用证没有特别说明保险单份数时，出口公司一般提交一套完整的保险单［(一份正本（Original)，一份复联本（Duplicate)］。当来证要求提供的保险单“In Duplicate /In Two

Folds/In 2 Copies”时，出口商提交给议付行的是正本保险单（Original）和复联保险单(Duplicate)，构成全套保险单。其中的正本保险单可经背书转让。根据《UCP600》的规定，正本保险单必须有“正本”（Original）字样。在实务中，可根据信用证或合同规定使用一份、两份或三份正本保险单，每份正本上分别印有“第一正本”（The First Original）、“第二正本”（The Second Original）及“第三正本”（The Third Original）以示区别。

2．发票号码（Invoice Number）

填写发票号码。

3．保险单号码（Policy Number）

填写保险公司指定号码。

4．被保险人（Insured）

如信用证无特别规定，保险单的被保险人应是信用证的受益人。如信用证规定保险单为 TO ORDER OF ××× BANK 或 IN FAVOUR OF ××× BANK，即应在被保险人处填写“×××出口公司+HELD TO ORDER OF ××× BANK（或 IN FAVOUR OF ××× BANK)”。在 CIF 或 CIP 价格条件下，被保险人即卖方（出口商)，信用证方式下指的是受益人，托收方式下为委托人。但是实际发生货损时，索赔的权益是买方（进口商)，所以保险单以卖方为保险人时，卖方要在保险单的背面进行背书，以示索赔权益转让给保险单的持有人，同时受让人则负担被保险人的义务。如信用证有特殊要求，所有单据以×××为抬头人，那么应在被保险人栏以×××为被保险人，这种保险单就不要背书了。 如果信用证规定，保险单为第三者名称即中性名义，可打成“被保险利益人”，即填写“TO WHOM IT MAY CONCERN”。如信用证规定，保险单为空白抬头（TO ORDER)，被保险人名称应填写“TO APPLICANT +出口商 FOR THE ACCOUNT OF WHOM IT MAY CONCERN”。如信用证规定以某公司或某银行为被保险人，可以直接在本栏打上所规定的名称，无须背书。

5．保险货物项目（Description Of Goods）

填写货物名称，本栏允许填写货物总称。

6．唛头（Marks and Nos）

保险单唛头应与发票、提单等一致，也可只填“AS PER INVOICE NO×××”。

7．包装及数量（Quantity）

如以包装件数计价，则将最大包装的总件数填入；如以毛重或净重计价，可填件数及毛重或净重，如果是裸装货物，则表示其件数即可；散装货物则表示其重量，并在其后注明“IN BULK”字样。

8．保险金额（Amount Insured）

一般按照发票总金额的 110%投保。信用证项下的保险单必须按信用证规定办理。本栏保险金额使用的货币应与信用证使用的货币相一致，大小写保持一致。

9．总保险金额（Total Amount Insured）

即保险金额的大写数字，以英文表示，末尾应加“ONLY”，以防涂改。

10．保费（Premium）

一般已由保险公司印就“AS ARRANGED”（如约定）字样。除非信用证另有规定，每笔保费及费率可以不具体表示。

11．开航日期（Date of Commencement）

一般填写提单的签发日期，也可填写提单签发日前后各 5 天之内任何一天的日期，或填“AS PER B/L DATE”。

12．装载工具（Per Conveyance）

填写装载船的船名。当运输由两程运输完成时，应分别填写一程船名和二程船名。如再转运到内陆，“加 OTHER CONVEYANCE”。如空运，则填“BY AIR”或“BY AEROPLANE”；如陆运，则填“BY TRAIN”“BY WAGON No.×××”；如以邮包寄送，写“BY PARCEL POST”，若采用海陆联运方式，则填“BY S.S. ××× AND THENCE BY OVERLAND TRANSPORTATION TO ×××”。

13．起运地和目的地（From…To…）

本栏填写起运地和目的地名称。当货物经转船到达目的港时，可填写“FROM 装运港 TO 目的港 W/T AT 转运港（WITH TRANSIPMENT AT ×××），也可打成“VIA 转运港 AND THENCE TO 投保最终目的地”。例如，货物由上海运达纽约港后，转运到芝加哥，提单可打成：“FROM SHANHGAI TO NEW YORK AND THENCE TO CHICAGO”或“FROM SHANGHAI TO NEW YORK IN TRANSIT TO CHICAGO”。

14．承保险别（Conditions）

本栏是保险单的核心内容，填写时应注意保险险别及文句与信用证严格一致。即使信用证中有重复语句，为了避免混乱和误解，最好按信用证规定的顺序填写。如信用证没有规定具体险别，或只规定“MARINE RISK”“USUAL RISK”或“TRANSPORT RISK”等，则可投保一切险（ALL RISKS）、水渍险（WA 或 WPA）、平安险（FPA）三种基本险中的任何一种。如信用证中规定使用伦敦学会条款，包括修订前或修订后的，可以按信用证规定承保，保险单应按要求填制。投保的险别除注明险别名称外，还应注明险别适用的文本及日期。

15．货损检验及理赔代理人（Surveying and Claim Setting Agents）

一般选择在目的港或目的港附近的有关机构为货损检验及理赔代理人，并详细注明代理人的地址。如果保险单上注明保险责任终止是在内地而非港口，则应填列内地代理人名称和地址。如当地无中国人民保险公司的代理机构，可以注明由当地法定检验机构代为检验。如果信用证自行指定买方选择的代理人，则不应接受。

16．赔付地点（Claim Payable at）

本栏按合同或信用证要求填制。如果信用证中并未列明确，一般将目的港作为赔付地点。如买方指定理赔代理人，理赔代理人必须在货物到达目的港的所在国内，便于到货后检验，赔款货币一般为投保额相同的货币。

17．日期（Date）

日期指保险单的签发日期。由于保险公司提供仓至仓（Warehouse to Warehouse）服务，所以要求保险手续在货物离开出口方仓库前办理。保险单的日期也应是货物离开出口方仓库前的日期。

18．投保地点（Place）

一般为装运港（地）的名称。

19．签章（Authorized Signature）

由保险公司签字或盖章以示保险单正式生效。

20．背书（Endorsed）

（1）空白背书。空白背书只注明被保险人名称（包括出口商名称和经办人的名字）。当来证没有规定使用哪种背书时，也使用空白背书方式。

（2）记名背书。当来证要求“DELIVERY TO（THE ORDER OF）××× COMPANY（BANK）”或“ENDORSED IN THE NAME OF ×××”，即规定使用记名方式背书。具体做法是：在保险单背面注明被保险人的名称和经办人的名字后，打上“DELIVERY TO ××× COMPANY（BANK）或 IN THE NAME OF ×××”的字样。记名背书在出口业务中较少使用。

（3）记名指示背书。当来证保单条款规定为“INSURANCE POLICY OR CERTIFICATE IN NEGOTIABLE FORM ISSUED TO THE ORDER OF ×××”时，具体做法是，只要在保险单背面打上“TO ORDER OF ×××”，然后签署被保险人的名称即可。

操作实训 4-5　货物运输保险单证的填制

实训目的：熟悉货物运输保险单证各栏目的填制规范。

实训要求：根据下列提供资料，参照相关内容，填制投保单和保险单。

1．商品的有关资料如下。

ALL THE GOODS ARE PACKAGED IN 728 CTNS, AND NET WEIGHT IS 17760KGS,GROSS WEIGHT IS 18890KGS, PAYMENT BY L/C 45DAYS SIGHT,

PURCHASER'S ORDER No.:TIANTANG2381,L/C No.:NKB210C8,THE GOODS ARE SHIPPED ON 04.5.2.

2．信用证保险条款如下。

DOCUMENTS REQUIRED：

INSURANCE POLICY OR CERTIFICATE IN ASSIGNABLE FORM AND ENDORSED IN BLANK.

FOR 110 PCT OF INVOICE VALUE WITH CLAIMS PAYABLE AT DESTINATION IN CURRENCY OF DRAFT COVERING ICC (A), INSTITUTE WAR CLAUSES (CARGO), INSTITUTE STRIKES CLAUSES (CARGO), WAREHOUSE TO WARHOUSE CLAUSES AND SHOWING No. OF ORIGINALS ISSUED.

3．商品的发票如图 4-14 所示。

需要填制的投保单如图 4-15 所示，保险单如图 4-16 所示。

CHINA TIANTANG INTERNATIONAL TECHNICAL I/E CORP.

14 TIANTANG VILLAGE，NANJING，CHINA

INVOICE

MESS:

No. : A123

ABC TOOLS TRADE CO. LTD.

DATE: MAY 9,2013

3/17 SUN BUILDING，SHEARSON CAMBRIDGE

TORONTO ,CANADA

FROM SHANG TO TORONTO BY SEA

MARKS	DESCRIPTION OF GOODS	QUANTITY	UNIT PRICE	AMOUNT
ABC	6V CORDLESS DRILL-TT1	798PCS	USD10.50	USD 8,379.00
34KL-B	6V CORDLESS DRILL-TT2	1070PCS	USD28.00	USD 29,960.00
1-728				
CIF TORONTO				
TOTAL:	1,868 PCS	USD 38,339.00		

CHINA TIANTANG INTERNATIONAL TECHNICAL I/E CORP.

张三

图 4-14 商品的发票

中国平安保险股份有限公司

PING AN INSURANCE COMPANY OF CHINA，LTD.

进出口货物运输险投保单

APPLICATION FOR IMP/EXP TRANPORTATION INSURANCE

被保险人
Insured：

本投保单由投保人如实填写并签章后作为向本公司投保货物运输保险的依据，本投保单为该货物运输保险单的组成部分。

The Applicant is required to fill in the following items in good faith and as detailed as possible,and affix signature to this application, which shall be treated as proof of application to the Company for cargo transportation insurance and constitute an integral part of the insurance policy.

兹拟向中国平安财产保险股份有限公司投保下列货物运输保险： Herein apply to the Company for Transportation Insurance of following cargo: 请将保险货物项目、标记、数量及包装注明此上。 Please state items, marks, quantity and packing of cargo insured here above.	请将投保的险别及条件注明如下： Please state risks insured against and conditions: (　) PICC (C.I.C.) Clause　(　) S.R.C.C. (　) ICC Clause　(　) W/W (　) All Risks　(　) TPND (　) W.A.　(　) FREC (　) F.P.A.　(　) IOP (　) ICC Clause A　(　) RFWD (　) ICC Clause B　(　) Risk of Breakage (　)ICC Clause C　(　) Risks during (　) Air TPT All Risks　(　) transshipment (　) Air TPT Risks (　) O/L TPT All Risks (　) O/L TPT Risks (　) War Risks(

装载运输工具（船名/车号）： per conveyance S.S.	船龄： Age of Vessel	集装箱运输： Container Load	是□ Yes	否□ No	整船运输： Full Vessel Charter	是□ Yes	否□ No

发票或提单号 Invoice No. or B/L No.	开航日期： Slg. On or abt.	年 Year	月 Month	日 Day

自： 国 From: Country	国 港/地 Country Port	港/地 Port	经： Via:	港/地 Port	至： To:

发票金额 Invoice Value:	保险金额 Amount Insured:
费率 Rate:	保险费 Premium:
备注 Remarks:	

投保人兹声明上述所填内容属实，同意以本投保单作为订立保险合同的依据；对贵公司就货物运输保险条款及附加险条款（包括责任免除和投保人及被保险人义务部分）的内容及说明已经了解。

I declare that above is true to the best of my knowledge and belief, and hereby agree that the application be incorporated into the policy. I have read and understand the Company's cargo transportation insurance and extensions(including the Exclusions and the applicant's or insured's Obligations.

投保人签章： Name/Seal of Proposer	联系地址： Address of Proposer

送单地址： Delivery Address:	同上□ Ditto	或 or	电话： Tel:	日期： Date:	年 Year	月 Month	日 Day

图 4-15　需填制的投保单

中国平安保险股份有限公司

PING AN INSURANCE COMPANY OF CHINA，LTD.

No. 1000005959

货 物 运 输 保 险 单

CARGO TRANPORTATION INSURANCE POLICY

COPY

被保险人：Insured

中国平安保险股份有限公司根据被保险人的要求及其所交付约定的保险费，按照本保险单背面所载条款与下列条款，承保下述货物运输保险，特立本保险单。

This Policy of Insurance witnesses that PING AN INSURANCE COMPANY OF CHINA，LTD.，at the request of the Insured and in consideration of the agreed premium paid by the Insured，undertakes to insure the under mentioned goods in transportation subject to the conditions of Policy as per the clauses printed overleaf and other special clauses attached hereon.

保单号 Policy No.		赔款偿付地点 Claim Payable at
发票或提单号 Invoice No. or B/L No.		
运输工具 per conveyance S.S.		查勘代理人 Survey By：
起运日期 Slg. on or abt.	自 From	
	至 To	
保险金额 Amount Insured		
保险货物项目、标记、数量及包装： Description, Marks, Quantity & Packing of Goods：		承保条件 Conditions：
签单日期 Date：		
PING AN INSURANCE COMPANY OF CHINA，LTD. *authorized signature*		For and on behalf of

图 4-16　需填制的保险单

能力考核表

专业能力实训成绩考核表

专业能力	评估标准	分项成绩
1．运输单据认知	（1）能够正确描述运输单据的概念和种类	5
	（2）熟悉单据审核标准	10
2．海运提单的缮制	（1）能够掌握海运提单的概念	10
	（2）能够正确缮制海运提单	20
3．航空货物运输托运与单据	（1）了解航空货物运输的主要流程	10
	（2）熟悉航空运单的内容及缮制要求	10
4．其他运输单据	（1）熟悉铁路运单的种类	10
	（2）熟悉邮包收据的概念和邮包的种类	5
	（3）了解多式联运单据的相关内容	5
5．货物运输保险单证的缮制	（1）熟悉保险单证的定义和种类	10
	（2）熟悉保险单证的缮制方法	5
总成绩 Σ100		

教师评语	签名： 年　　月　　日
学生意见	签名： 年　　月　　日

项目 5

官方单证实训

学习目标

知识目标

- 熟悉进出口货物报关单的含义和分类。
- 掌握进出口货物报关单填报的一般要求和填制规范。
- 了解进出口检验检疫证单的类型及出入境货物报检单的含义。
- 掌握出入境货物报检单的填制要求。
- 了解原产地证的类型和作用。
- 掌握一般原产地证和普惠制原产地证的填制要求。

能力目标

工作任务	能力目标
进出口货物报关单的填制	1．熟悉报关单的含义和分类 2．正确填制进口货物报关单 3．正确填制出口货物报关单
出入境检验检疫证单的填制	1．了解出入境检验检疫证单的类型 2．正确填制入境货物报检单 3．正确填制出境货物报检单
原产地证的填制	1．原产地证的类型和作用 2．正确填制一般原产地证 3．正确填制普惠制原产地证

任务 1　进出口货物报关单的填制

进出口货物报关单是报关员代表报关单位向海关办理货物进出境手续的主要单证。报关员必须具备按照《中华人民共和国海关进出口货物申报管理规定》（以下简称《进出口货物申报管理规定》）和《中华人民共和国海关进出口货物报关单填制规范》（以下简称《进出口货物报关单填制规范》）的要求，完整、准确、有效地填制进出口货物报关单的基本技能。

5.1.1　进出口货物报关单的含义

进出口货物报关单简称报关单,是指进出口货物的收发货人或其代理人，按照海关规定的格式对进出口货物的实际情况做出书面申明，以此要求海关对其货物按适用的海关制度办理通关手续的法律文书。

5.1.2　进出口货物报关单的分类

按照货物进出口状态、表现形式和海关监管方式的不同，报关单可分成以下几类。

（1）按照进出口状态划分，可分为进口货物报关单和出口货物报关单。

（2）按照表现形式划分，可分为纸制报关单和电子数据报关单。

（3）按照海关监管方式划分，可分为一般贸易及其他贸易进出口货物报关单、来料加工及补偿贸易进出口货物报关单和进料加工进出口货物报关单。

5.1.3　进出口货物报关单填制的一般要求

进出境货物的收发货人或代理人向海关申报时，必须填写并向海关递交进口或出口货物报关单。申报人在填制报关单时，必须做到真实、准确、齐全、清楚。填制的一般要求如下。

1. 如实申报

报关员必须按照《海关法》、《进出口货物申报管理规定》和《进出口货物报关单填制规范》的有关规定和要求，向海关如实申报。

2. 真实填报

报关单的填写必须真实，要做到两个相符：一是单证相符，即报关单与合同、发票、装箱单、提单及批文等随附单据相符；二是单货相符，即报关单中所申报的内容与实际进出口货物情况相符。特别是货物的品名、规格、数量、价格等内容必须真实，不能伪报、瞒报或虚报。

3．准确、齐全、完整、清楚填报

报关单所列各栏要逐项准确填报，字迹要清楚、整洁、端正，不可用铅笔（或红色复写纸）填报；填报项目若有更改，必须在更改项目上加盖校对章。

4．分单填报

不同批文或许可证，以及不同合同的货物、同一批货物中不同贸易方式的货物、不同备案号的货物、不同提运单的货物、不同征免性质的货物、不同运输方式或相同运输方式但不同航次的货物，以及不同运输工具名称的货物等，均应分单填报。

一份原产地证只能对应一份报关单。同一份报关单上的商品不能同时享受协定税率和减免税。在一批货物中，对于实行原产地证联网管理的，如涉及多份原产地证或含非原产地证的商品，应分单填报。

5.1.4 进出口货物报关单示例

进出口货物报关单的填报应严格遵守《进出口货物报关单填制规范》的规定。进口货物报关单和出口货物报关单的示例如图 5-1 和图 5-2 所示。

中华人民共和国海关进口货物报关单

预录入编号：　　　　　　　　　　　　　　　　　　海关编号：

进口口岸		备案号	进口日期	申报日期
经营单位		运输方式	运输工具名称	提运单号
收货单位		贸易方式	征免性质	征税比例
许可证号	起运国（地区）		装货港	境内目的地
批准文号	成交方式	运费	保费	杂费
合同协议号	件数	包装种类	毛重（公斤）	净重（公斤）
集装箱号	随附单据			用途
标记唛码及备注				
项号　商品编号　商品名称、规格型号　数量及单位　原产国（地区）　单价　总价　币制　征免				
税费征收情况				
录入员　录入单位	兹声明以上申报无讹并承担法律责任		海关审单批注及放行日期（签章）	
报关员			审单	审价
	申报单位（签章）		征税	统计
单位地址				
邮编　电话	填制日期		查验	放行

图 5-1　进口货物报关单

中华人民共和国海关出口货物报关单

预录入编号：　　　　　　　　　海关编号：

<table>
<tr><td colspan="2">出口口岸</td><td>备案号</td><td>出口日期</td><td>申报日期</td></tr>
<tr><td colspan="2">经营单位</td><td>运输方式</td><td>运输工具名称</td><td>提运单号</td></tr>
<tr><td colspan="2">发货单位</td><td>贸易方式</td><td>征免性质</td><td>结汇方式</td></tr>
<tr><td>许可证号</td><td colspan="2">运抵国（地区）</td><td>指运港</td><td>境内货源地</td></tr>
<tr><td>批准文号</td><td>成交方式</td><td>运费</td><td>保费</td><td>杂费</td></tr>
<tr><td>合同协议号</td><td>件数</td><td>包装种类</td><td>毛重（公斤）</td><td>净重（公斤）</td></tr>
<tr><td>集装箱号</td><td colspan="3">随附单据</td><td>生产厂家</td></tr>
<tr><td colspan="5">标记唛码及备注</td></tr>
<tr><td colspan="5">项号　商品编号　商品名称、规格型号　数量及单位　最终目的国　（地区）单价　总价　币制　征免</td></tr>
<tr><td colspan="5"></td></tr>
<tr><td colspan="5"></td></tr>
<tr><td colspan="5"></td></tr>
<tr><td colspan="5"></td></tr>
<tr><td colspan="5">税费征收情况</td></tr>
<tr><td>录入员　　录入单位</td><td colspan="2">兹声明以上申报无讹并承担法律责任</td><td colspan="2">海关审单批注及放行日期（签章）</td></tr>
<tr><td colspan="3">报关员
申报单位（签章）</td><td>审单</td><td>审价</td></tr>
<tr><td colspan="3">单位地址</td><td>征税</td><td>统计</td></tr>
<tr><td colspan="3">邮编　　电话　　填制日期</td><td>查验</td><td>放行</td></tr>
</table>

图 5-2　出口货物报关单

5.1.5　进出口货物报关单的填制规范

为规范进出口货物收发货人的申报行为，统一进出口货物报关单填制要求，保证报关单数据质量，根据《海关法》及有关法规制定报关单填制规范。

中华人民共和国海关进（出）口货物报关单在规范中采用“报关单”“进口报关单”“出口报关单”的提法。

报关单各栏目的填制规范如下。

1．预录入编号

本栏目填报预录入报关单的编号，预录入编号规则由接受申报的海关决定。

2．海关编号

本栏目填报海关接受申报时给予报关单的编号，一份报关单对应一个海关编号。报关单海关编号为 18 位，其中第 1~4 位为接受申报海关的编号（海关规定的《关区代码表》中相应海关代码），第 5~8 位为海关接受申报的公历年份，第 9 位为进出口标志（“1”为进口，“0”为出口；集中申报清单“I”为进口，“E”为出口），后 9 位为顺序编号。第 1~2 位为接受申报海关的编号（海关规定的《关区代码表》中相应海关代码的后 2 位），第 3 位为海关接受申报公历年份 4 位数字的最后 1 位，后 6 位为顺序编号。

3．进口口岸/出口口岸

本栏目应根据货物实际进出境的口岸海关填报《关区代码表》中相应口岸海关的名称及代码。特殊情况填报要求如下。

进口转关运输货物应填报货物进境地海关名称及代码，出口转关运输货物应填报货物出境地海关名称及代码。按转关运输方式监管的跨关区深加工结转货物，出口报关单填报转出地海关名称及代码，进口报关单填报转入地海关名称及代码。

在不同海关特殊监管区域或保税监管场所之间调拨、转让的货物，填报对方特殊监管区域或保税监管场所所在的海关名称及代码。

其他无实际进出境的货物，填报接受申报的海关名称及代码。

4．备案号

本栏目填报进出口货物收发货人在海关办理加工贸易合同备案或征、减、免税备案审批等手续时，海关核发的《中华人民共和国海关加工贸易手册》、电子账册及其分册（以下统称《加工贸易手册》）、《进出口货物征免税证明》（以下简称《征免税证明》）或其他备案审批文件的编号。

一份报关单只允许填报一个备案号，具体填报要求如下。

(1) 加工贸易项下货物，除少量低值辅料按规定不使用《加工贸易手册》及以后续补税监管方式办理内销征税的外，填报《加工贸易手册》编号。

使用异地直接报关分册和异地深加工结转出口分册在异地口岸报关的，本栏目应填报分册号；本地直接报关分册和本地深加工结转分册限制在本地报关，本栏目应填报总册号。

加工贸易成品凭《征免税证明》转为减免税进口货物的，进口报关单填报《征免税证明》编号，出口报关单填报《加工贸易手册》编号。

对加工贸易设备之间的结转，转入和转出企业分别填制进、出口报关单，在报关单“备案号”栏目填报《加工贸易手册》编号。

（2）涉及征、减、免税备案审批的报关单，填报《征免税证明》编号。

（3）涉及优惠贸易协定项下实行原产地证联网管理（香港 CEPA、澳门 CEPA，下同）的报关单，填报原产地证代码“Y”和原产地证编号。

（4）减免税货物退运出口，填报《减免税进口货物同意退运证明》的编号；减免税货物补税进口，填报《减免税货物补税通知书》的编号；减免税货物结转进口（转入），填报《征免税证明》的编号；相应的结转出口（转出），填报《减免税进口货物结转联系函》的编号。

（5）涉及构成整车特征的汽车零部件的报关单，填报备案的 Q 账册编号。

5．进口日期/出口日期

进口日期填报运载进口货物的运输工具申报进境的日期。

出口日期指运载出口货物的运输工具办结出境手续的日期，本栏目供海关签发打印报关单证明联用，在申报时免予填报。

无实际进出境的报关单填报海关接受申报的日期。

本栏目为 8 位数字，顺序为年（4 位）、月（2 位）、日（2 位）。

6．申报日期

申报日期指海关接受进出口货物收发货人、受委托的报关企业申报数据的日期。以电子数据报关单方式申报的，申报日期为海关计算机系统接受申报数据时记录的日期。以纸质报关单方式申报的，申报日期为海关接受纸质报关单并对报关单进行登记处理的日期。

申报日期为 8 位数字，顺序为年（4 位）、月（2 位）、日（2 位）。本栏目在申报时免予填报。

7．经营单位

本栏目填报在海关注册登记的对外签订并执行进出口贸易合同的中国境内法人、其他组织或个人的名称及海关注册编码。特殊情况下的填制要求如下。

（1）进出口货物合同的签订者和执行者非同一企业的，填报执行合同的企业。

（2）外商投资企业委托进出口企业进口投资设备、物品的，填报外商投资企业，并在标记唛码及备注栏注明“委托某进出口企业进口”。

（3）有代理报关资格的报关企业代理其他进出口企业办理进出口报关手续时，填报委托的进出口企业的名称及海关注册编码。

8．收货单位/发货单位

（1）收货单位填报已知的进口货物在境内的最终消费、使用单位的名称，包括：自行从境外进口货物的单位；委托进出口企业进口货物的单位。

（2）发货单位填报出口货物在境内的生产或销售单位的名称，包括：自行出口货物的单位；委托进出口企业出口货物的单位。

（3）有海关注册编码或加工企业编码的收、发货单位，本栏目应填报其中文名称及编码；没有编码的应填报其中文名称。使用《加工贸易手册》管理的货物，报关单的收、发货单位应与《加工贸易手册》的“经营企业”或“加工企业”一致；减免税货物报关单的收、发货单位应与《征免税证明》的“申请单位”一致。

9．申报单位

自理报关的，本栏目填报进出口企业的名称及海关注册编码；委托代理报关的，本栏目填报经海关批准的报关企业名称及海关注册编码。

本栏目还包括报关单左下方用于填报申报单位有关情况的相关栏目，包括报关员、报关单位地址、邮政编码和电话号码等栏目。

10．运输方式

运输方式包括实际运输方式和海关规定的特殊运输方式，前者指货物实际进出境的运输方式，按进出境所使用的运输工具分类；后者指货物无实际进出境的运输方式，按货物在境内的流向分类。

本栏目应根据货物实际进出境的运输方式或货物在境内流向的类别，按照海关规定的《运输方式代码表》选择填报相应的运输方式。

（1）特殊情况填报要求如下。

1）非邮件方式进出境的快递货物，按实际运输方式填报；

2）进出境旅客随身携带的货物，按旅客所乘运输工具填报。

（2）进口转关运输货物，按载运货物抵达进境地的运输工具填报；出口转关运输货物，按载运货物驶离出境地的运输工具填报。

（3）不复运出（入）境而留在境内（外）销售的进出境展览品、留赠转卖物品等，填报“其他运输”（代码 9）。

（4）无实际进出境货物在境内流转时填报要求如下。

1）境内非保税区运入保税区货物和保税区退区货物，填报“非保税区”（代码 0）。

2）保税区运往境内非保税区货物，填报“保税区”（代码 7）。

3）境内存入出口监管仓库和出口监管仓库退仓货物，填报“监管仓库”（代码 1）。

4）保税仓库转内销货物，填报“保税仓库”（代码 8）。

5）从境内保税物流中心外运入中心或从中心运往境内中心外的货物，填报“物流中心”（代码 W）。

6）从境内保税物流园区外运入园区或从园区运往境内园区外的货物，填报“物流园区”（代码 X）。

7）从境内保税港区外运入港区（不含直通）或从港区运往境内港区外（不含直通）的

货物，填报“保税港区”（代码 Y），综合保税区比照保税港区填报。

8）从境内出口加工区、珠澳跨境工业区珠海园区（以下简称珠海园区）外运入加工区、珠海园区或从加工区、珠海园区运往境内区外的货物，区外企业填报“出口加工区”（代码 Z），区内企业填报“其他运输”（代码 9）。

9）境内运入深港西部通道港方口岸区的货物，填报“边境特殊海关作业区”（代码 H）。

10）其他境内流转货物，填报“其他运输”（代码 9），包括特殊监管区域内货物之间的流转、调拨货物，特殊监管区域、保税监管场所之间相互流转货物，特殊监管区域外的加工贸易余料结转、深加工结转、内销等货物。

11．运输工具名称

本栏目填报载运货物进出境的运输工具名称或编号。填报内容应与运输部门向海关申报的舱单（载货清单）所列相应内容一致。具体填报要求如下。

（1）直接在进出境地或采用“属地申报，口岸验放”通关模式办理报关手续的报关单填报要求如下。

1）水路运输。填报船舶编号（来往港澳小型船舶为监管簿编号）或船舶英文名称。

2）公路运输。填报该跨境运输车辆的国内行驶车牌号，深圳提前报关模式的报关单填报国内行驶车牌号+“/”+“提前报关”。

3）铁路运输。填报车厢编号或交接单号。

4）航空运输。填报航班号。

5）邮件运输。填报邮政包裹单号。

6）其他运输。填报具体运输方式名称，如管道、驮畜等。

（2）转关运输货物的报关单填报要求如下。

1）进口。

① 水路运输。直转、提前报关填报“@”+16 位转关申报单预录入号（或 13 位载货清单号）；中转填报进境英文船名。

② 铁路运输。直转、提前报关填报“@”+16 位转关申报单预录入号；中转填报车厢编号。

③ 航空运输。直转、提前报关填报“@”+16 位转关申报单预录入号（或 13 位载货清单号）；中转填报“@”。

④ 公路及其他运输。填报“@”+16 位转关申报单预录入号（或 13 位载货清单号）。

以上各种运输方式使用广东地区载货清单转关的提前报关货物填报“@”+13 位载货清单号。

2）出口。

① 水路运输。非中转填报“@”+16 位转关申报单预录入号（或 13 位载货清单号）。

如多张报关单需要通过一张转关单转关的，运输工具名称字段填报“@”。

中转货物，境内水路运输填报驳船船名；境内铁路运输填报车名（主管海关4位关别代码+“TRAIN”）；境内公路运输填报车名（主管海关4位关别代码+“TRUCK”）。

② 铁路运输。填报“@”+16位转关申报单预录入号（或13位载货清单号），如多张报关单需要通过一张转关单转关的，填报“@”。

③ 航空运输。填报“@”+16位转关申报单预录入号（或13位载货清单号），如多张报关单需要通过一张转关单转关的，填报“@”。

④ 其他运输方式。填报“@”+16位转关申报单预录入号（或13位载货清单号）。

（3）采用“集中申报”通关方式办理报关手续的，报关单本栏目填报“集中申报”。

（4）无实际进出境的报关单，本栏目免予填报。

12. 航次号

本栏目填报载运货物进出境的运输工具的航次编号。具体填报要求如下：

（1）直接在进出境地或采用“属地申报，口岸验放”通关模式办理报关手续的报关单。

1）水路运输。填报船舶的航次号。

2）公路运输。填报运输车辆的8位进出境日期[顺序为年（4位）、月（2位）、日（2位），下同]。

3）铁路运输。填报列车的进出境日期。

4）航空运输。免予填报。

5）邮件运输。填报运输工具的进出境日期。

6）其他运输方式。免予填报。

（2）转关运输货物的报关单。

1）进口。

① 水路运输。中转转关方式填报“@”+进境干线船舶航次。直转、提前报关免予填报。

② 公路运输。免予填报。

③ 铁路运输。“@”+8位进境日期。

④ 航空运输。免予填报。

⑤ 其他运输方式。免予填报。

2）出口。

① 水路运输。非中转货物免予填报。中转货物：境内水路运输填报驳船航次号；境内铁路、公路运输填报6位起运日期［顺序为年（2位）、月（2位）、日（2位）］。

② 铁路拼车拼箱捆绑出口。免予填报。

③ 航空运输。免予填报。

④ 其他运输方式。免予填报。

（3）无实际进出境的报关单，本栏目免予填报。

13．提运单号

本栏目填报进出口货物提单或运单的编号。一份报关单只允许填报一个提单或运单号，一票货物对应多个提单或运单时，应分单填报。具体填报要求如下。

（1）直接在进出境地或采用“属地申报，口岸验放”通关模式办理报关手续的。

1）水路运输。填报进出口提单号。如有分提单的，填报进出口提单号+“*”+分提单号。

2）公路运输。免予填报。

3）铁路运输。填报运单号。

4）航空运输。填报总运单号+“—”+分运单号，无分运单的填报总运单号。

5）邮件运输。填报邮运包裹单号。

（2）转关运输货物的报关单。

1）进口。

① 水路运输。直转、中转填报提单号。提前报关免予填报。

② 铁路运输。直转、中转填报铁路运单号。提前报关免予填报。

③ 航空运输。直转、中转货物填报总运单号+“—”+分运单号。提前报关免予填报。

④ 其他运输方式。免予填报。

以上运输方式进境货物，在广东省内用公路运输转关的，填报车牌号。

2）出口。

① 水路运输。中转货物填报提单号；非中转货物免予填报；广东省内汽车运输提前报关的转关货物，填报承运车辆的车牌号。

② 其他运输方式。免予填报。广东省内汽车运输提前报关的转关货物，填报承运车辆的车牌号。

（3）采用“集中申报”通关方式办理报关手续的，报关单应填报归并的集中申报清单的进出口起止日期［按年（4 位）、月（2 位）、日（2 位）］。

（4）无实际进出境的，本栏目免予填报。

14．贸易方式（监管方式）

本栏目应根据实际对外贸易情况按海关规定的《监管方式代码表》选择填报相应的监管方式简称及代码。一份报关单只允许填报一种监管方式。

特殊情况下加工贸易货物监管方式填报要求如下。

（1）进口少量低值辅料（5 000 美元以下，78 种以内的低值辅料）按规定不使用《加工贸易手册》的，填报“低值辅料”。使用《加工贸易手册》的，按《加工贸易手册》上的监管方式填报。

(2) 外商投资企业为加工内销产品而进口的料件，属非保税加工的，填报“一般贸易”。外商投资企业全部使用国内料件加工的出口成品，填报“一般贸易”。

(3) 加工贸易料件结转或深加工结转货物，按批准的监管方式填报。

(4) 加工贸易料件转内销货物及按料件办理进口手续的转内销制成品、残次品、半成品，应填制进口报关单，填报“来料料件内销”或“进料料件内销”；加工贸易成品凭《征免税证明》转为减免税进口货物的，应分别填制进、出口报关单，出口报关单本栏目填报“来料成品减免”或“进料成品减免”，进口报关单本栏目按照实际监管方式填报。

(5) 加工贸易出口成品因故退运进口及复运出口的，填报“来料成品退换”或“进料成品退换”；加工贸易进口料件因换料退运出口及复运进口的，填报“来料料件退换”或“进料料件退换”；加工贸易过程中产生的剩余料件、边角料退运出口，以及进口料件因品质、规格等原因退运出口且不再更换同类货物进口的，分别填报“来料料件复出”“来料边角料复出”“进料料件复出”“进料边角料复出”。

(6) 备料《加工贸易手册》中的料件结转转入加工出口《加工贸易手册》的，填报“来料加工”或“进料加工”。

(7) 保税工厂加工贸易进出口货物，根据《加工贸易手册》填报“来料加工”或“进料加工”。

(8) 加工贸易边角料内销和副产品内销，应填制进口报关单，填报“来料边角料内销”或“进料边角料内销”。

(9) 加工贸易进口料件不再用于加工成品出口，或生产的半成品（折料）、成品因故不再出口，主动放弃交由海关处理时，应填制进口报关单，填报“料件放弃”或“成品放弃”。

15．征免性质

本栏目应根据实际情况按海关规定的《征免性质代码表》选择填报相应的征免性质简称及代码，持有海关核发的《征免税证明》的，应按照《征免税证明》中批注的征免性质填报。一份报关单只允许填报一种征免性质。

加工贸易货物报关单应按照海关核发的《加工贸易手册》中批注的征免性质简称及代码填报。特殊情况填报要求如下。

(1) 保税工厂经营的加工贸易，根据《加工贸易手册》填报“进料加工”或“来料加工”。

(2) 外商投资企业为加工内销产品而进口的料件，属非保税加工的，填报“一般征税”或其他相应征免性质。

(3) 加工贸易转内销货物，按实际情况填报（如一般征税、科教用品、其他法定等）。

(4) 料件退运出口、成品退运进口货物填报“其他法定”（代码0299）。

（5）加工贸易结转货物，本栏目免予填报。

16．征税比例/结汇方式

进口报关单本栏目免予填报。

出口报关单填报结汇方式，按海关规定的《结汇方式代码表》选择填报相应的结汇方式名称或代码。

17．许可证号

本栏目填报以下许可证的编号：进（出）口许可证、两用物项和技术进（出）口许可证、两用物项和技术出口许可证（定向）、纺织品临时出口许可证、出口许可证（加工贸易）、出口许可证（边境小额贸易）。

一份报关单只允许填报一个许可证号。

18．起运国（地区）/运抵国（地区）

起运国（地区）填报进口货物起始发出直接运抵我国或在运输中转国（地）未发生任何商业性交易的情况下运抵我国的国家（地区）。

运抵国（地区）填报出口货物离开我国关境直接运抵或在运输中转国（地区）未发生任何商业性交易的情况下最后运抵的国家（地区）。

不经过第三国（地区）转运的直接运输进出口货物，以进口货物的装货港所在国（地区）为起运国（地区），以出口货物的指运港所在国（地区）为运抵国（地区）。

经过第三国（地区）转运的进出口货物，如在中转国（地区）发生商业性交易，则以中转国（地区）作为起运/运抵国（地区）。

本栏目应按海关规定的《国别（地区）代码表》选择填报相应的起运国（地区）或运抵国（地区）中文名称及代码。

无实际进出境的，填报“中国”（代码 142）。

19．装货港/指运港

装货港填报进口货物在运抵我国关境前的最后一个境外装运港。

指运港填报出口货物运往境外的最终目的港；最终目的港不可预知的，按尽可能预知的目的港填报。

本栏目应根据实际情况按海关规定的《港口航线代码表》选择填报相应的港口中文名称及代码。装货港/指运港在《港口航线代码表》中无港口中文名称及代码的，可选择填报相应的国家中文名称或代码。

无实际进出境的，本栏目填报“中国境内”（代码 142）。

20．境内目的地／境内货源地

境内目的地填报已知的进口货物在国内的消费、使用地或最终运抵地，其中最终运抵地为最终使用单位所在的地区。最终使用单位难以确定的，填报货物进口时预知的最终收货单位所在地。

境内货源地填报出口货物在国内的产地或原始发货地。出口货物产地难以确定的，填报最早发运该出口货物的单位所在地。

本栏目按海关规定的《国内地区代码表》选择填报相应的国内地区名称及代码。

21．批准文号

进出口报关单中本栏目免予填报。

22．成交方式

本栏目应根据进出口货物实际成交价格条款，按海关规定的《成交方式代码表》选择填报相应的成交方式代码。

无实际进出境的报关单，进口填报 CIF，出口填报 FOB。

23．运费

本栏目填报进口货物运抵我国境内输入地点起卸前的运输费用，出口货物运至我国境内输出地点装载后的运输费用。进口货物成交价格包含前述运输费用或出口货物成交价格不包含前述运输费用的，本栏目免予填报。

运费可按运费单价、总价或运费率三种方式之一填报，注明运费标记（运费标记“1”表示运费率，“2”表示每吨货物的运费单价，“3”表示运费总价），并按海关规定的《货币代码表》选择填报相应的币种代码。

运保费合并计算的，填报在本栏目。

24．保费

本栏目填报进口货物运抵我国境内输入地点起卸前的保险费用，出口货物运至我国境内输出地点装载后的保险费用。进口货物成交价格包含前述保险费用或出口货物成交价格不包含前述保险费用的，本栏目免予填报。

保费可按保险费总价或保险费率两种方式之一填报，注明保险费标记（保险费标记“1”表示保险费率，“3”表示保险费总价），并按海关规定的《货币代码表》选择填报相应的币种代码。

运保费合并计算的，本栏目免予填报。

25．杂费

本栏目填报成交价格以外的、按照《中华人民共和国进出口关税条例》相关规定应计入完税价格或应从完税价格中扣除的费用。可按杂费总价或杂费率两种方式之一填报，注明杂费标记（杂费标记“1”表示杂费率，“3”表示杂费总价），并按海关规定的《货币代码表》选择填报相应的币种代码。

应计入完税价格的杂费填报为正值或正率，应从完税价格中扣除的杂费填报为负值或负率。

26．合同协议号

本栏目填报进出口货物合同（包括协议或订单）编号。

27．件数

本栏目填报有外包装的进出口货物的实际件数。特殊情况填报要求如下。

（1）舱单件数为集装箱的，填报集装箱个数。

（2）舱单件数为托盘的，填报托盘数。

本栏目不得填报为零，裸装货物填报为"1"。

28．包装种类

本栏目应根据进出口货物的实际外包装种类，选择填报相应的包装种类，如木箱、纸箱、铁桶、散装、裸装、托盘、包、捆、袋等。

29．毛重（千克）

本栏目填报进出口货物及其包装材料的重量之和，计量单位为千克，不足一千克的填报为"1"。

30．净重（千克）

本栏目填报进出口货物的毛重减去外包装材料后的重量，即货物本身的实际重量，计量单位为千克，不足一千克的填报为"1"。

31．集装箱号

本栏目填报装载进出口货物（包括拼箱货物）集装箱的箱体信息。一个集装箱填一条记录，分别填报集装箱号（在集装箱箱体上标示的全球唯一编号）、集装箱的规格和集装箱的自重。

非集装箱货物填报为"0"。非实际进出境货物采用集装箱运输的，本栏目免予填报。

填报格式为：集装箱号+"/"+ 规格+"/"+自重。

32．随附单据

本栏目根据海关规定的《监管证件代码表》选择填报除本规范第十八条规定的许可证件以外的其他进出口许可证件或监管证件代码及编号。

本栏目分为随附单据代码和随附单据编号两栏，其中代码栏应按海关规定的《监管证件代码表》选择填报相应证件代码；编号栏应填报证件编号。

（1）加工贸易内销征税报关单，随附单据代码栏填写"c"，随附单据编号栏填写海关审核通过的内销征税联系单号。

（2）含预归类商品报关单，随附单据代码项下填写"r"，随附单据编号项下填写××关预归类书××号。

（3）优惠贸易协定项下进出口货物。"Y"为原产地证代码。优惠贸易协定代码选择"01"

"02""03""04""05""06""07""08""09"填报。

1）"01"为"亚太贸易协定"项下的进口货物。

2）"02"为"中国－东盟自贸区"项下的进口货物。

3）"03"为"内地与香港紧密经贸关系安排"（香港 CEPA）项下的进口货物。

4）"04"为"内地与澳门紧密经贸关系安排"（澳门 CEPA）项下的进口货物。

5）"05"为"对非洲特惠待遇"项下的进口货物。

6）"06"为"台湾农产品零关税措施"项下的进口货物。

7）"07"为"中巴自贸区"项下的进口货物。

8）"08"为"中智自贸区"项下的进口货物。

9）"09"为"对也门等国特惠待遇"项下的进口货物。

（4）具体填报要求如下。

1）实行原产地证联网管理的，随附单据代码栏填写"Y"，随附单据编号栏的"< >"内填写优惠贸易协定代码。例如，香港 CEPA 项下进口商品，应填报 "Y"和"<03>"。一票进口货物中如涉及多份原产地证或含有非原产地证商品，应分单填报。

2）未实行原产地证联网管理的，随附单据代码栏填写"Y"，随附单据编号栏"< >"内填写优惠贸易协定代码+":"+需证商品序号。例如，"亚太贸易协定"项下进口报关单中第 1~3 项和第 5 项为优惠贸易协定项下商品，应填报为："<01:1-3,5>"。

3）优惠贸易协定项下出口货物，本栏目填报原产地证代码和编号。

33. 用途／生产厂家

进口货物本栏目填报用途，应根据进口货物的实际用途按海关规定的《用途代码表》选择填报相应的用途名称或代码。

出口货物本栏目填报其境内生产企业。

34. 标记唛码及备注

本栏目填报要求如下。

（1）标记唛码中除图形以外的文字、数字。

（2）受外商投资企业委托代理其进口投资设备、物品的进出口企业名称。

（3）与本报关单有关联关系，同时在业务管理规范方面又要求填报的备案号，填报在电子数据报关单中"关联备案"栏。

加工贸易结转货物及凭《征免税证明》转内销货物，其对应的备案号应填报在"关联备案"栏。

减免税货物结转进口（转入），报关单"关联备案"栏应填写本次减免税货物结转所申请的《减免税进口货物结转联系函》的编号。

减免税货物结转出口（转出），报关单"关联备案"栏应填写与其相对应的进口（转入）

报关单“备案号”栏中《征免税证明》的编号。

（4）与本报关单有关联关系的，同时在业务管理规范方面又要求填报的报关单号，填报在电子数据报关单中“关联报关单”栏。

加工贸易结转类的报关单，应先办理进口报关，并将进口报关单号填入出口报关单的“关联报关单”栏。

办理进口货物直接退运手续的，除另有规定外，应当先填写出口报关单，再填写进口报关单，并将出口报关单号填入进口报关单的“关联报关单”栏。

减免税货物结转出口（转出），应先办理进口报关，并将进口（转入）报关单号填入出口（转出）报关单的“关联报关单”栏。

（5）办理进口货物直接退运手续的，本栏目填报《准予直接退运决定书》或《责令直接退运通知书》编号。

（6）申报时其他必须说明的事项填报在本栏目。

35. 项号

本栏目分两行填报及打印。第一行填报报关单中的商品顺序编号；第二行专用于加工贸易、减免税等已备案、审批的货物，填报和打印该项货物在《加工贸易手册》或《征免税证明》等备案、审批单证中的顺序编号。

优惠贸易协定项下实行原产地证联网管理的报关单，第一行填报报关单中的商品顺序编号，第二行填报该项商品对应的原产地证上的商品项号。

加工贸易项下进出口货物的报关单，第一行填报报关单中的商品顺序编号，第二行填报该项商品在《加工贸易手册》中的商品项号，用于核销对应项号下的料件或成品数量。其中第二行特殊情况填报要求如下。

（1）深加工结转货物，分别按照《加工贸易手册》中的进口料件项号和出口成品项号填报。

（2）料件结转货物（包括料件、制成品和半成品折料），出口报关单按照转出《加工贸易手册》中进口料件的项号填报；进口报关单按照转进《加工贸易手册》中进口料件的项号填报。

（3）料件复出货物（包括料件、边角料、来料加工半成品折料），出口报关单按照《加工贸易手册》中进口料件的项号填报；如边角料对应一个以上料件项号时，填报主要料件项号。料件退换货物（包括料件、不包括半成品），进出口报关单按照《加工贸易手册》中进口料件的项号填报。

（4）成品退换货物，退运进境报关单和复运出境报关单按照《加工贸易手册》原出口成品的项号填报。

（5）加工贸易料件转内销货物（以及按料件办理进口手续的转内销制成品、半成品、残次品）应填制进口报关单，填报《加工贸易手册》进口料件的项号；加工贸易边角料、副产品内销，填报《加工贸易手册》中对应的进口料件项号。如边角料或副产品对应一个以上料件项号时，填报主要料件项号。

（6）加工贸易成品凭《征免税证明》转为减免税货物进口的，应先办理进口报关手续。进口报关单填报《征免税证明》中的项号，出口报关单填报《加工贸易手册》原出口成品项号，进、出口报关单货物数量应一致。

（7）加工贸易料件放弃或成品放弃，本栏目应填报《加工贸易手册》中的进口料件或出口成品项号。半成品放弃的应按单耗折回料件，以料件放弃申报，本栏目填报《加工贸易手册》中对应的进口料件项号。

（8）加工贸易副产品退运出口、结转出口或放弃，本栏目应填报《加工贸易手册》中新增的变更副产品的出口项号。

（9）经海关批准实行加工贸易联网监管的企业，按海关联网监管要求，企业需申报报关清单的，应在向海关申报进出口（包括形式进出口）报关单前，向海关申报"清单"。一份报关清单对应一份报关单，报关单上的商品由报关清单归并而得。加工贸易电子账册报关单中项号、品名、规格等栏目的填制规范比照《加工贸易手册》。

36. 商品编号

本栏目应填报由《中华人民共和国进出口税则》确定的进出口货物的税则号列和《中华人民共和国海关统计商品目录》确定的商品编码，以及符合海关监管要求的附加编号组成的10位商品编号。

37. 商品名称、规格型号

本栏目分两行填报及打印。第一行填报进出口货物规范的中文商品名称，第二行填报规格型号。具体填报要求如下。

（1）商品名称及规格型号应据实填报，并与进出口货物收发货人或受委托的报关企业所提交的合同、发票等相关单证相符。

（2）商品名称应当规范，规格型号应当足够详细，以能满足海关归类、审价及许可证件管理要求为准，可参照《中华人民共和国海关进出口商品规范申报目录》中对商品名称、规格型号的要求进行填报。

（3）加工贸易等已备案的货物，填报的内容必须与备案登记中同项号下货物的商品名称一致。

（4）对需要海关签发《货物进口证明书》的车辆，商品名称栏应填报"车辆品牌+排气量（注明 cc）+车型（如越野车、小轿车等）"。进口汽车底盘不填报排气量。车辆品牌应按照《进口机动车辆制造厂名称和车辆品牌中英文对照表》中"签注名称"一栏的要求填报。规格型号栏可填报"汽油型"等。

（5）由同一运输工具同时运抵同一口岸且属于同一收货人、使用同一提单的多种进口货物，按照商品归类规则应当归入同一商品编号的，应当将有关商品一并归入该商品编号。商品名称填报一并归类后的商品名称；规格型号填报一并归类后商品的规格型号。

（6）加工贸易边角料和副产品内销，边角料复出口，本栏目填报其报验状态的名称和规格型号。

（7）进口货物收货人以一般贸易方式申报进口属于《需要详细列名申报的汽车零部件清单》（海关总署 2006 年第 64 号公告）范围内的汽车生产件的，应按以下要求填报。

1）商品名称填报进口汽车零部件的详细中文商品名称和品牌，中文商品名称与品牌之间用“/”相隔，必要时加注英文商业名称；进口的成套散件或毛坯件应在品牌后加注“成套散件”“毛坯”等字样，并与品牌之间用“/”相隔。

2）规格型号填报汽车零部件的完整编号。在零部件编号前应当加注“S”字样，并与零部件编号之间用“/”相隔，零部件编号之后应当依次加注该零部件适用的汽车品牌和车型。

汽车零部件属于可以适用于多种汽车车型的通用零部件的，零部件编号后应当加注“TY”字样，并用“/”与零部件编号相隔。

与进口汽车零部件规格型号相关的其他需要申报的要素，或者海关规定的其他需要申报的要素，如“功率”“排气量”等，应当在车型或“TY”之后填报，并用“/”与之相隔。

汽车零部件报验状态是成套散件的，应当在“标记唛码及备注”栏内填报该成套散件装配后的最终完整品的零部件编号。

（8）进口货物收货人以一般贸易方式申报进口属于《需要详细列名申报的汽车零部件清单》（海关总署 2006 年第 64 号公告）范围内的汽车维修件的，填报规格型号时，应当在零部件编号前加注“W”，并与零部件编号之间用“/”相隔；进口维修件的品牌与该零部件适用的整车厂牌不一致的，应当在零部件编号前加注“WF”，并与零部件编号之间用“/”相隔。其余申报要求同上条执行。

38. 数量及单位

本栏目分三行填报及打印。

（1）第一行应按进出口货物的法定第一计量单位填报数量及单位，法定计量单位以《中华人民共和国海关统计商品目录》中的计量单位为准。

（2）凡列明有法定第二计量单位的，应在第二行按照法定第二计量单位填报数量及单位。无法定第二计量单位的，本栏目第二行为空。

（3）成交计量单位及数量应填报并打印在第三行。

（4）法定计量单位为“千克”的数量填报，特殊情况下填报要求如下。

1）装入可重复使用的包装容器的货物，应按货物扣除包装容器后的重量填报，如罐装同位素、罐装氧气及类似品等。

2）使用不可分割包装材料和包装容器的货物，按货物的净重填报（包括内层直接包装的净重重量），如采用供零售包装的罐头、化妆品、药品及类似品等。

3）按照商业惯例以公量重计价的商品，应按公量重填报，如未脱脂羊毛、羊毛条等。

4）采用以毛重作为净重计价的货物，可按毛重填报，如粮食、饲料等大宗散装货物。

5）采用零售包装的酒类、饮料，按照液体部分的重量填报。

（5）成套设备、减免税货物如需分批进口，货物实际进口时，应按照实际报验状态确定数量。

（6）根据《商品名称及编码协调制度》归类规则，零部件按整机或成品归类的，法定计量单位是非重量的，其对应的法定数量填报“0.1”。

（7）具有完整品或制成品基本特征的不完整品、未制成品，根据《商品名称及编码协调制度》归类规则应按完整品归类的，按照构成完整品的实际数量填报。

（8）加工贸易等已备案的货物，成交计量单位必须与《加工贸易手册》中同项号下货物的计量单位一致，加工贸易边角料和副产品内销、边角料复出口，本栏目填报其报验状态的计量单位。

（9）优惠贸易协定项下进出口商品的成交计量单位必须与原产地证上对应商品的计量单位一致。

（10）法定计量单位为立方米的气体货物，应折算成标准状况（摄氏零度及 1 个标准大气压）下的体积进行填报。

39. 原产国（地区）/最终目的国（地区）

原产国（地区）应依据《中华人民共和国进出口货物原产地条例》、《中华人民共和国海关关于执行〈非优惠原产地规则中实质性改变标准〉的规定》及海关总署关于各项优惠贸易协定原产地管理规章规定的原产地确定标准填报。同一批进口货物的原产地不同的，应分别填报原产国（地区）。进口货物原产国（地区）无法确定的，填报“国别不详”（代码 701）。

最终目的国（地区）填报已知的出口货物的最终实际消费、使用或进一步加工制造国家（地区）。不经过第三国（地区）转运的直接运输货物，以运抵国（地区）为最终目的国（地区）；经过第三国（地区）转运的货物，以最后运往国（地区）为最终目的国（地区）。同一批出口货物的最终目的国（地区）不同的，应分别填报最终目的国（地区）。出口货物不能确定最终目的国（地区）时，以尽可能预知的最后运往国（地区）为最终目的国（地区）。

本栏目应按海关规定的《国别（地区）代码表》选择填报相应的国家（地区）名称及代码。

40．单价

本栏目填报同一项号下进出口货物实际成交的商品单位价格。无实际成交价格的，本栏目填报单位货值。

41．总价

本栏目填报同一项号下进出口货物实际成交的商品总价格。无实际成交价格的，本栏目填报货值。

42．币制

本栏目应按海关规定的《货币代码表》选择相应的货币名称及代码填报，如《货币代码表》中无实际成交币种，需将实际成交货币按申报日外汇折算率折算成《货币代码表》列明的货币填报。

43．征免

本栏目应按照海关核发的《征免税证明》或有关政策规定，对报关单所列每项商品选择海关规定的《征减免税方式代码表》中相应的征减免税方式填报。

加工贸易货物报关单应根据《加工贸易手册》中备案的征免规定填报；《加工贸易手册》中备案的征免规定为“保金”或“保函”的，应填报“全免”。

44．税费征收情况

本栏目供海关批注进（出）口货物税费征收及减免情况。

45．录入员

本栏目用于记录预录入操作人员的姓名。

46．录入单位

本栏目用于记录预录入单位名称。

47．填制日期

本栏目填报申报单位填制报关单的日期。本栏目为 8 位数字，顺序为年（4 位）、月（2 位）、日（2 位）。

48．海关审单批注及放行日期（签章）

本栏目供海关作业时签注。

本规范所述尖括号（<　>）、逗号（,）、连接符（-）、冒号（:）等标点符号及数字，填报时都必须使用非中文状态下的半角字符。

操作实训 5-1　出口货物报关单的填制

实训目的：熟悉出口货物报关单各栏目的填制规范。

实训要求：请根据以下背景资料，正确填制出口货物报关单。

资料1

大连万凯化工贸易有限公司（210291××××）代理大连万凯化工有限公司（210225××××）对外签约出口三氯硝基甲烷（无出口税，法定计量单位为千克）。经营单位持有毒化学品出口环境管理放行通知单（代码X，证号TEO050616005）、出口农药登记证明（代码S，证号CH201411818）和出口许可证（14-AA-701226），于2014年5月31日向海关申报，次日货物出口。

资料2

大连万凯化工贸易公司

DALIAN PAN-CHEM TRADING CORPORATION

INVOICE

Invoice No. 82N3430213　　　　Dalian: 23 MAY 2014

To：PAN-CHEM COMPOUNDS SINGAPORE LTD.　　Contract No. XM2014NA266

Shipped per ____ from ____ DALIAN ____ to ____ SINGAPORE ____ on or about ____________

Shipping Mark	CHLOROPICRIN 99.5% MIN.	Amount
	AT USD 459/DRUM FOB DALIAN	
	QUANTITY: 680 DRUMS	
SINGAPORE	TERM:D/A 60 DAYS FROM B/L DATE	USD 312120.00
FOR TRANSSHIPMENT TO	BCL REF No:02/3314	
CHITTAGONG.BANGLADESH	ACIDITY: 70PPM MAX.	
GROSS WEIGHT: 294kg	WATER: 150PPM MAX.	
TARE WEIGHT: 24kg	DENSITY:1.654-1.663	
SHIPMENT No.: 2	TOXOCITY:HIGH POISONOUS	USD31212.00
		USD15606.00
	LESS PREPAYMENT 10%	USD 265302.00
	LESS DISCOUNT 5%	
	TOTAL TO BE INVOICED:	

DALIAN PAN-CHEM
TRADING CORPORATION

E.&O.E.

资料 3

大连万凯化工贸易公司

DALIAN PAN-CHEM TRADING CORPORATION

PACKING LIST

Invoice No. 82N3430213 Dalian: 23 MAY 2014

COMMODITY CHLOROPICRIN 99.5% MIN.

NAME OF STEAMER CSCL YANTIAN 0042S No.&DATE OF B/L ZIMUDA927057/31.05.14

Shipping Mark

	183.6 MT CHLOROPICRIN 99.5% MIN.
SINGAPORE	PACKING:270KGS NET IN GALVANIZED IRON DRUMS
FOR TRANSSHIPMENT TO	QUANTITY: 680 DRUMS IN 170 PALLETS
CHITTAGONG.BANGLADESH	GROSS WEIGHT:
GROSS WEIGHT: 294kg	MEASUREMENT:
TARE WEIGHT: 24kg	BCL P.O.No.:02/3314
SHIPMENT No: 2	DELIVERY UNDER 2 CONSECUTIVE SHIPMENTS

CONTAINNER No.	SEAL No.	TYPE	TARE kg
CLHU3122339		20'DRY	2275
CLHU3122597		20'DRY	2275
CLHU3122811		20'DRY	2275
CLHU3122827		20'DRY	2275
CLHU3122869		20'DRY	2275
CLHU3122940		20'DRY	2275
CLHU3122961		20'DRY	2275
CLHU3122977		20'DRY	2275
CLHU3122979		20'DRY	2275
CLHU0762612		40'DRY	4080

DALIAN PAN-CHEM
TRADING CORPORATION

E.&O.E.

请填制以下出口货物报关单。

中华人民共和国海关出口货物报关单

预录入编号：　　　　　　　　　　　　　　海关编号：

<table>
<tr><td colspan="2">进口口岸</td><td colspan="2">备案号</td><td>进口日期</td><td>申报日期</td></tr>
<tr><td colspan="2">经营单位</td><td colspan="2">运输方式</td><td>运输工具名称</td><td>提运单号</td></tr>
<tr><td colspan="2">收货单位</td><td colspan="2">贸易方式</td><td>征免性质</td><td>征税比例</td></tr>
<tr><td>许可证号</td><td colspan="3">起运国（地区）</td><td>装货港</td><td>境内目的地</td></tr>
<tr><td>批准文号</td><td colspan="2">成交方式</td><td>运费</td><td>保费</td><td>杂费</td></tr>
<tr><td>合同协议号</td><td colspan="2">件数</td><td>包装种类</td><td>毛重（公斤）</td><td>净重（公斤）</td></tr>
<tr><td>集装箱号</td><td colspan="4">随附单据</td><td>用途</td></tr>
<tr><td colspan="6">标记唛码及备注</td></tr>
<tr><td colspan="6">项号　商品编号　商品名称、规格型号　数量及单位　原产国（地区）　单价　总价　币制　征免</td></tr>
<tr><td colspan="6"></td></tr>
<tr><td colspan="6"></td></tr>
<tr><td colspan="6"></td></tr>
<tr><td colspan="6"></td></tr>
<tr><td colspan="6">税费征收情况</td></tr>
<tr><td rowspan="4">录入员　录入单位
报关员
单位地址
邮编　电话</td><td colspan="3" rowspan="4">兹声明以上申报无讹并承担法律责任
申报单位（签章）
填制日期</td><td colspan="2">海关审单批注及放行日期（签章）</td></tr>
<tr><td>审单</td><td>审价</td></tr>
<tr><td>征税</td><td>统计</td></tr>
<tr><td>查验</td><td>放行</td></tr>
</table>

操作实训 5-2　进口货物报关单的填制

实训目的：熟悉进口货物报关单各栏目的填制规范。

实训要求：请根据以下背景资料，正确填制进口货物报关单。

资料 1

浙江温州 A&B 鞋业有限公司（330324××××）凭加工贸易手册（C29328420××××）和入境货物通知单（编号：29000010801XXXX000）向进境地宁波海关（3100）所属北仑海关（3104）办理原料中底皮（法定计量单位：千克）的进口报关手续。

资料 2

GEOX S.P.A

VIA FELTRINA CENTRO, 16-31030 BIADENE DI MONTEBELLUNA-TREVISO-ITALIA

INVOICE

INVOICE No. :2014/ * /000971　　　　DATE: JUL.24,2014

FOR ACCOUNT AND RISK OF MESSRS:

WENZHOU A&B FOOTWEAR CO.LTD

FROM: LIVORNO　ITALY　　　　TO: NINGBO,CHINA

PACKAGES	DESCRIPTION OF GOODS	QUANTITY	UNIT PRICE	AMOUNT
			CIF NINGBO	
5	INSOLE LEATHER	4448.89m^2	USD10.00	USD44488.90

SAY TOTAL U.S.DOLLARS

COUNTRY OF ORIGIN:ITALY

GEOX S.P.A

资料 3

GEOX S.P.A

VIA FELTRINA CENTRO, 16-31030 BIADENE DI MONTEBELLUNA-TREVISO-ITALIA

PACKING LIST

INVOICE No. :2014/ * /000971 DATE: JUL.24,2014

FOR ACCOUNT AND RISK OF MESSRS:

WENZHOU A&B FOOTWEAR CO.LTD

FROM: LIVORNO ITALY TO: NINGBO,CHINA

PACKAGES	DESCRIPTION OF GOODS	QUANTITY	NET WEIGHT	GROSS WEIGHT
5	INSOLE LEATHER	4448.89m^2	6065.00kg	6110.00kg

SAY: FIVE(5) PLASTIC PALLETS ONLY.

GEOX S.P.A

资料 4

(Forwarding Agents)

Shipper
GEOX S.PA.
VIA FELTRINA CENTRO.16
31030 BIADENEDI MONTEBELLUNA-TREVISO-ITALIA

Consignee
WENZHOU A&B FOOTWEAR CO.LTD

Notify party
SAME AS CONSIGNEE

SC:GOA00179　　B/L NO
KKLULIV015286

"K"LINE

KAWASAKI KISEN KAISHA, LTD

BILL OF LADING

ALL TERMS, CONDITIONS
AND EXCEPTIONS AS PER
ORIGINAL BILL OF LADING

COPY

NON-NEGOTIABLE

Pre-carriage	Place of receipt
	LIVORNO CY
Ocean vessel YM PLUM / Voy. No 60E	Port of loading LIVORNO/ITALY
Port of discharge NINGBO	Place of delivery NINGBO CY

Final destination(for Merchant's reference)

Container No.	Seal No. Marks & Numbers	No. of Containers or pkgs	Kind of packages; description of goods	Gross weight kg	Measurement CBM
KKTU7901003	237374	1	CONTAINER 20'BX SAID TO CONTAIN 5PKGS INSOLE LEATHER FREIGHT PREPAID	6100000	

Total No. of Containers or Packages (In words)　　ONE CONTAINER ONLY

Freight and charges	Revenue tons	Rate	Per	Prepaid	Collect

Ex. Rate	Prepaid at	Payable at	Place and date of issue
			GENOA,AUGUST2,2014

Total prepaid in local currency

No. of original B(s)/L
THREE(3)

SHIPPED on board the Vessel　YN PLUM/60E
Date AUGUST 2, 2014　"K"LINE ITALIA S.r.l. as agent of
By　carrier "K"LINE LTD

"K"LINE ITALIA S.r.l. as agent of
By　carrier "K"LINE LTD

请填制以下进口货物报关单。

中华人民共和国海关出口货物报关单

预录入编号：　　　　　　　　　　　　　　海关编号：

<table>
<tr><td colspan="2">出口口岸</td><td>备案号</td><td>出口日期</td><td>申报日期</td></tr>
<tr><td colspan="2">经营单位</td><td>运输方式</td><td>运输工具名称</td><td>提运单号</td></tr>
<tr><td colspan="2">发货单位</td><td>贸易方式</td><td>征免性质</td><td>提运单号</td></tr>
<tr><td>许可证号</td><td colspan="2">起运国（地区）</td><td>装货港</td><td>境内目的地</td></tr>
<tr><td>批准文号</td><td>成交方式</td><td>运费</td><td>保费</td><td>杂费</td></tr>
<tr><td>合同协议号</td><td>件数</td><td>包装种类</td><td>毛重（公斤）</td><td>净重（公斤）</td></tr>
<tr><td>集装箱号</td><td colspan="3">随附单据</td><td>生产厂家</td></tr>
<tr><td colspan="5">标记唛码及备注</td></tr>
<tr><td colspan="5">项号　商品编号　商品名称、规格型号　数量及单位　原产国（地区）单价　总价　币制　征免</td></tr>
<tr><td colspan="5"></td></tr>
<tr><td colspan="5"></td></tr>
<tr><td colspan="5"></td></tr>
<tr><td colspan="5"></td></tr>
<tr><td colspan="5"></td></tr>
<tr><td colspan="5">税费征收情况</td></tr>
<tr><td>录入员　　录入单位</td><td colspan="2" rowspan="2">兹声明以上申报无讹并承担法律责任

申报单位（签章）</td><td colspan="2">海关审单批注及放行日期（签章）

审单　　　　审价</td></tr>
<tr><td>报关员</td><td colspan="2">征税　　　　统计</td></tr>
<tr><td colspan="3">单位地址

邮编　　　　电话　　　　填制日期</td><td colspan="2">查验　　　　放行</td></tr>
</table>

任务 2　出入境检验检疫证单的填制

出入境检验检疫证单在对外贸易活动中用途广泛。出入境检验检疫证单记载着受检对象的品质、数量、状态、结论或处理意见，是判定受检对象是否符合进出口国家法律法规要求和有关技术标准的法律文书。出入境检验检疫机构签发的证单是出入境检验检疫机构工作成果的最终体现，也是出入境检验检疫机构监督管理措施的重要载体。

广义的出入境检验检疫证单泛指国家质量监督检验检疫总局公开发布的、具有固定格式和填制要求的各种证单，包括申请单、证书、监督管理证明和专用证单等。在这里，主要介绍两种申请单，即入境货物报检单和出境货物报检单，统称出入境货物报检单。

5.2.1 出入境货物报检单的适用范围

出入境货物报检单是出入境关系人为申请检验检疫事项而向检验检疫机构提交的、申报受检对象相关事项的法律文件之一。

入境货物报检单适用于入境货物（包括废旧物品）、包装铺垫材料、装载法定检验检疫货物的集装箱，以及外商投资财产鉴定的申报。

出境货物报检单适用于对出境货物（包括废旧物品）、包装铺垫材料、装载法定检验检疫货物的集装箱等的申报。

5.2.2 出入境货物报检单示例

出入境货物报检单示例如图 5-3 和图 5-4 所示。

中华人民共和国出入境检验检疫
入境货物报检单

报检单位（加盖公章）：　　　　　　　　　　　　　　　　　　* 编　　号________________

报检单位登记号：　　　　　　联系人：　　　　电话：　　　报检日期：　　年　　月　　日

收货人	（中文）	企业性质（画“√”）	□合资　□合作　□外资
	（外文）		
发货人	（中文）		
	（外文）		

货物名称（中/外文）	H.S.编码	原产国（地区）	数/重量	货物总值	包装种类及数量

运输工具名称号码				合同号	
贸易方式		贸易国别（地区）		提单/运单号	
到货日期		起运国家（地区）		许可证/审批号	
卸毕日期		起运口岸		入境口岸	
索赔有效期至		经停口岸		目的地	
集装箱规格、数量及号码					
合同订立的特殊条款及其他要求				货物存放地点	
				用　　途	

随附单据（画“√”或补填）		标记及号码	* 外商投资财产（画“√”）	□是□否
□合同	□到货通知		* 检验检疫费	
□发票	□装箱单		总金额（人民币元）	
□提/运单	□质保书			
□兽医卫生证书	□理货清单		计费人	
□植物检疫证书	□磅码单		收费人	
□动物检疫证书	□验收报告			
□卫生证书	□			
□原产地证	□			
□许可/审批文件	□			

报检人郑重声明： 1．本人被授权报检。 2．上列填写内容正确属实。 签名：__________	领取证单	
	日期	
	签名	

注：有“*”号栏由出入境检验检疫机关填写。　　　　◆ 国家出入境检验检疫局制

图 5-3　入境货物报检单

中华人民共和国出入境检验检疫
出境货物报检单

报检单位（加盖公章）：　　　　　　　　　　　　　　　* 编　　号________________

报检单位登记号：　　　　联系人：　　　　电话：　　　报检日期：　　年　　月　　日

发货人	（中文）						
	（外文）						
收货人	（中文）						
	（外文）						
货物名称（中/外文）	H.S.编码	产地		数/重量	货物总值	包装种类及数量	
运输工具名称号码		贸易方式			货物存放地点		
合同号		信用证号			用途		
发货日期		输往国家（地区）		许可证/审批号			
起运地		到达口岸		生产单位注册号			
集装箱规格、数量及号码							
合同、信用证订立的检验检疫条款或特殊要求		标记及号码		随附单据（画“√”或补填）			
				□合同 □信用证 □发票 □换证凭单 □装箱单 □厂检单		□包装性能结果单 □许可/审批文件 □ □ □ □	

需要证单名称（画“√”或补填）		* 检验检疫费	
□品质证书　___正___副 □重量证书　___正___副 □数量证书　___正___副 □兽医卫生证书　___正___副 □健康证书　___正___副 □卫生证书　___正___副 □动物卫生证书　___正___副	□植物检疫证书　___正___副 □熏蒸/消毒证书　___正___副 □出境货物换证凭单 □出境货物通关单 □ □ □	总金额（人民币元）	
		计费人	
		收费人	
报检人郑重声明： 1．本人被授权报检。 2．上列填写内容正确属实，货物无伪造或冒用他人的厂名、标志、认证标志，并承担货物质量责任。 签名：__________		领取证单	
		日期	
		签名	

注：有“*”号栏由出入境检验检疫机关填写。　　　　　◆国家出入境检验检疫局制

图 5-4　出境货物报检单

5.2.3　出入境货物报检单的填制要求

出入境货物报检单填制是办理报检手续最基础的工作，也是非常重要的环节。出入境货物报检单的填制是报检员必须熟练掌握的一项基本技能。报检员必须全面掌握出入境货物报检单填制的各项要求，规范填制报检单。

1．出入境货物报检单填制的一般要求

报检员应按照检验检疫相关法律、法规的规定和要求，向检验检疫机构如实申报货物信息。报检单的填制必须真实，做到“三个相符”：单证相符，即所填报检单各栏目的内容必须与合同、发票、装箱单、提单及批文等随附单据相符；单货相符，即所填报检单各栏目的内容必须与实际进出口货物的情况相符，不得伪报、瞒报或虚报；纸质报检单内容与电子数据信息相符。

2．入境货物报检单的填制要求

（1）编号。检验检疫机构受理本批货物报检后生成的正式报检号。

（2）报检单位（加盖公章）。填写报检单位全称并加盖公章（已做报检专用章备案的企业可加盖报检专用章）。

（3）报检单位登记号。填写报检单位在检验检疫机构备案或注册登记的 10 位数代码。

（4）联系人。填写报检本批货物的报检员。

（5）报检日期。填写检验检疫机构接受进口货物的收货人或受其委托的代理报检企业报检的日期。

（6）收货人。填报对外签订并执行进口贸易合同的中国境内企业或单位，即外贸合同中的收货方。

（7）企业性质。根据收货人的企业性质，在对应的□中画“√”。

（8）发货人。填写外贸合同中的发货人，英文名应录入。

（9）货物名称（中/外文）。填写本批货物的品名及规格，应与进出口合同、发票所列一致。货物名称应具体列明，不得填写笼统的商品类别，如玩具应如实填报塑料玩具或电动玩具等。

废旧物品应在品名后标注“废”或“旧”等字样。

货物品名应按“含检验检疫类别的货物、无检验检疫类别的废旧货物、无检验检疫类别的普通货物”的顺序列明（法检商品一份报检单最多只能申报 20 个品名，多于 20 个品名的需分单申报）。

（10）H.S.编码。填报货物对应的商品 10 位数编码，以当年海关公布的商品税则编码分类为准。

（11）原产国（地区）。填报进口货物的生产、开采或加工制造的国家（地区），相同品名的进口货物原产国不同应分别填报原产国（地区）。

(12) 数/重量。根据 H.S.编码对应的法定第一计量单位（H.S.标准量）填写数量或重量，依实际情况也可同时输入数量和重量（法定计量单位应以《中华人民共和国海关统计商品目录》中的计量单位为准）。

(13) 货物总值。填报本批报检货物的总值及币种，应与发票上的货物总值及币种一致。

(14) 包装种类及数量。填写货物运输的包装种类及数量，并注明包装材质。

(15) 运输工具名称号码。填写载运货物进出境的运输工具的名称或编号，以及载运货物进出境的航空运输工具的航次编号。

(16) 合同号。填写外贸合同、协议或订单的编号。

(17) 贸易方式。填写货物进口的贸易方式，如一般贸易、来料加工、进料加工、展览品等，贸易方式应与报关单相符。

(18) 贸易国别（地区）。外贸合同卖方所在的国家（地区）。

(19) 提/运单号。进口货物提单或运单的编号，一份报检单只允许填报一个提运单号。

(20) 起运国家（地区）。填报进口货物起始发出的国家（地区），对发生运输中转的货物，如中转地未发生任何商业性交易，则起运国家（地区）不变。如中转地发生商业性交易，则以中转地为起运国家（地区）填报。

(21) 许可证/审批号。指需办理进境许可证或审批的货物取得的相关许可证或审批的号码，如进口动植物及产品的检疫审批、进口电池产品备案书、装运前检验证书、进口旧机电产品备案书、进口旧机电免装运前检验证明书、CCC 证书或 CCC 免办证明等。

(22) 卸毕日期。填写货物全部卸离运载工具的实际日期。

(23) 起运口岸。填写装载货物的运输工具直接运抵我国的启运口岸。

(24) 入境口岸。填写装载货物的交通工具实际进入我国关境的口岸。

(25) 索赔有效期至。填写外贸合同中约定的进口货物不合格对外提出索赔要求的有效期限。

(26) 经停口岸。指货物随运输工具离开第一个境外口岸后，在抵达中国入境口岸之前所抵靠的发生货物（含集装箱）装卸的境外口岸。

(27) 目的地。填写货物在我国国内消费、使用地区或最终运抵地。

(28) 集装箱规格、数量及号码。若以集装箱运输应填写集装箱的规格、数量及号码。当同一报检货物有两种或以上规格时，应按不同规格分别录入。

(29) 合同订立特殊条款及其他要求。填写在外贸合同中特别订立的有关质量、卫生等条款或报检单位对本批货物检验检疫的特别要求。

(30) 货物存放地点。填写货物进境后拟存放的地点。

(31) 用途。填写货物实际用途。如种用、食用、奶用、观赏或演艺、伴侣、实验、药用、饲用、加工等。

（32）随附单据。根据所附报检资料在列表中选择，并在所提供单据对应的“□”上画“√”，若选项中没有相应单据应自行补填。

（33）标记及号码。标记唛码中除图形以外的文字、数字，应与合同、发票等外贸单据保持一致。若没有标记号码应录入“N/M”。

（34）外商投资财产。确认进口的设备是否属于外商投资财产。由于检验检疫机构已不再进行强制性的价值鉴定工作，因此，企业在填制报检单时均应选择“否”。

（35）检验检疫费。由检验检疫工作人员填写。

（36）报检人郑重声明。报检人员必须亲笔签名，不得打印。

（37）领取证单。报检人在领取证单时填写领证日期并签名。

3. 出境货物报检单的填制要求

（1）报检单位（加盖公章）。填写报检单位全称并加盖公章（已做报检专用章备案的企业可加盖报检专用章）。

（2）报检单位登记号。填写报检单位在检验检疫机构备案或注册登记后取得的10位数代码。

（3）联系人。填写本批货物报检员的姓名。

（4）报检日期。检验检疫机构接受出口货物的发货人或受其委托的代理报检企业报检的日期。

（5）发货人。填报对外签订并执行出口贸易合同的中国境内企业或单位，即外贸合同中的卖方。

（6）收货人。填写外贸合同中的收货方，英文名称应录入。

（7）货物名称（中/外文）。填写本批货物的品名及规格，应与进出口合同、发票所列一致。

（8）H.S.编码。填报货物对应的商品10位数编码。以当年海关公布的商品税则编码分类为准。

（9）产地。填写货物的实际生产（加工）地。国外进境货物需再次出口的填写“境外”。

（10）数/重量。按货物的法定第一计量单位如实填报对应的数值，可以同时填报另一项数/重量。

（11）货物总值。填写本批货物的总值及币种，每报检批为单一商品时，应与发票上的货物总值及币种一致。

（12）包装种类及数量。填写货物实际外包装的种类及数量，并注明包装材质。

（13）运输工具名称号码。填写载运货物进出境的运输工具的名称或编号，以及载运货物进出境的航空运输工具的航次编号。

（14）贸易方式。填报货物的实际贸易方式，应与报关单一致。

（15）货物存放地点。填写货物存放的具体地点、厂库。

（16）合同号。填写外贸合同、协议或订单的编号。

（17）信用证号。填写货物信用证号码

（18）用途。填写货物出境后的实际用途。

（19）发货日期。填写出境货物预定装运发货的日期（8 位数字，顺序为年、月、日）。

（20）输往国家（地区）。填报外贸合同买方国家和地区，或合同注明的最终输往国家和地区。对发生运输中转的货物，如中转地未发生任何商业性交易，则填写最终输往国家（地区）。如中转地发生商业性交易，则以中转地为输往国家（地区）进行填报。

（21）许可证/审批号。指需办理加工单位注册登记、备案登记等许可类手续的出境货物取得的相关许可证或审批的号码。

（22）起运地。填报出境货物报关地的口岸。

（23）到达口岸。填报出境货物的境外运抵口岸。

（24）生产单位注册号。填写货物生产、加工单位在检验检疫机构备案登记的 10 位数代码。

（25）集装箱规格、数量及号码。填写装载出口货物的集装箱的箱体信息，数据应与提（运）单一致。

（26）合同、信用证订立的检验检疫条款或特殊要求。填写在外贸合同中特别订立的有关质量、卫生等条款或报检单位对本批货物检验检疫的特别要求。

（27）标记及号码。标记唛码中除图形以外的文字、数字，应与合同、发票等外贸单据保持一致。若没有标记号码应录入“N/M”。

（28）随附单据。在所提供报检资料对应的“□”上画“√”，若该栏无随附资料选项，应再勾选“其他”选项，并补填相关内容。

（29）需要证单名称。在列表中选择，在需要检验检疫机构提供的单据对应的“□”上画“√”或补填，并注明所需单证的正副本数量。

（30）报检人郑重声明。报检人员必须亲笔签名，不得打印。

（31）检验检疫费。由检验检疫工作人员填写实际的检验检疫费用。

（32）领取证单。报检人在领取证单时填写领证日期并签名。

操作实训 5-3 入境货物报检单的填制

实训目的：熟练掌握入境货物报检单的填制方法。

实训要求：请根据任务背景资料中原始单证的内容，正确填制入境货物报检单。

资料 1

SALES CONTRACT

No.: 2013 FJKDIK-WH

Date: Aug. 10, 2013

The Buyer: SHIJIAZHUANG FRIENDSHIP IMP/EXP CO., LTD.

The Seller: ABC FOODSTUFFS CORPORATION SINGAPORE

This contract is made by and between the seller and the buyer, whereby the seller agrees to sell and the buyer agrees to buy the under-mentioned goods according to the terms and conditions stipulated below:

1. Name of Commodity: ORANGE
2. Quantity: 50000KGS/1000Cartons
3. Unit Price: USD15/CTN
4. Amount Total: USD 15,000
5. Packing: In Carton
6. Port of Loading: Singapore
7. Port of Destination: Tianjin Port
8. Date of Shipment: Before Nov. 30, 2013/By Vessel
9. Terms of Payment: T/T
10. Shipping Mark: FRIENDSHIP

    MADE IN AUSTRALIA

The Buyer　　　　The Seller

资料 2

BILL OF LADING

<table>
<tr><td colspan="3">CONSIGNOR:
ABC FOODSTUFFS CORPORATION SINGAPORE</td><td>BOOK No.:
COSH 70E</td><td>B/L No.:
COSU8876IHMU</td></tr>
<tr><td colspan="3">CONSIGNEE:
SHIJIAZHUANG FRIENDSHIP IMP/EXP CO., LTD.</td><td colspan="2" rowspan="2">REMARKS:</td></tr>
<tr><td colspan="3">NOTIFY PARTY:
SHIJIAZHUANG FRIENDSHIP IMP/EXP CO.,
LTD.</td></tr>
<tr><td colspan="2">PORT OF LOADING:
SINGAPORE</td><td>VESSEL:
GREEN LIGHT</td><td>VOYAGE
No.:523E</td><td>FLAG:
CANADA</td></tr>
<tr><td colspan="3">PORT OF DISCHARGE:
TIANJIN XINGANG CHINA via BUSAN</td><td colspan="2">PLACE OF DELIVERY:</td></tr>
<tr><td>MARK</td><td>No.OF PKGS</td><td>DESCRIPTION OF GOODS</td><td>GROSS WEIGHT</td><td>MEASUREMENT</td></tr>
<tr><td colspan="5">Container No. Seal No.
1 × 20’ ZCSU2559446/ 07658 400 CTNS 50000 KGS
1 × 40’ZCSU2559446/ 07659 600 CTNS
FRIENDSHIP PACKING: IN CARTON
MADE IN AUSTRALIA CONTRACT No.2013 GUKG-FS:</td></tr>
<tr><td colspan="3">DATE: Oct.23, 2013
BY</td><td colspan="2">HONGMIN CO., LTD.
BY</td></tr>
</table>

请填写以下入境货物报检单。

中华人民共和国出入境检验检疫
入境货物报检单

报检单位（加盖公章）：　　　　　　　　　　　　　　　* 编　　号____________________

报检单位登记号：　　　　　　联系人：　　　　电话：　　报检日期：　　年　　月　　日

<table>
<tr><td rowspan="2">收货人</td><td colspan="3">（中文）</td><td colspan="2">企业性质（画“✓”）</td><td>□合资　□合作　□外资</td></tr>
<tr><td colspan="6">（外文）</td></tr>
<tr><td rowspan="2">发货人</td><td colspan="6">（中文）</td></tr>
<tr><td colspan="6">（外文）</td></tr>
<tr><td>货物名称（中/外文）</td><td>H.S.编码</td><td>原产国（地区）</td><td>数/重量</td><td>货物总值</td><td colspan="2">包装种类及数量</td></tr>
<tr><td></td><td></td><td></td><td></td><td></td><td colspan="2"></td></tr>
<tr><td>运输工具名称号码</td><td colspan="3"></td><td>合同号</td><td colspan="2"></td></tr>
<tr><td>贸易方式</td><td></td><td>贸易国别（地区）</td><td></td><td>提单/运单号</td><td colspan="2"></td></tr>
<tr><td>到货日期</td><td></td><td>起运国家（地区）</td><td></td><td>许可证/审批号</td><td colspan="2"></td></tr>
<tr><td>卸毕日期</td><td></td><td>起运口岸</td><td></td><td>入境口岸</td><td colspan="2"></td></tr>
<tr><td>索赔有效期至</td><td></td><td>经停口岸</td><td></td><td>目的地</td><td colspan="2"></td></tr>
<tr><td>集装箱规格、数量及号码</td><td colspan="6"></td></tr>
<tr><td rowspan="2">合同订立的特殊条款
及其他要求</td><td rowspan="2" colspan="3"></td><td>货物存放地点</td><td colspan="2"></td></tr>
<tr><td>用　　途</td><td colspan="2"></td></tr>
<tr><td colspan="2">随附单据（画“✓”或补填）</td><td colspan="2">标记及号码</td><td colspan="2">* 外商投资财产（画“✓”）</td><td>□是□否</td></tr>
<tr><td rowspan="4">□合同
□发票
□提/运单
□兽医卫生证书
□植物检疫证书
□动物检疫证书
□卫生证书
□原产地证
□许可/审批文件</td><td rowspan="4">□到货通知
□装箱单
□质保书
□理货清单
□磅码单
□验收报告
□
□
□</td><td rowspan="4" colspan="2"></td><td colspan="3">* 检验检疫费</td></tr>
<tr><td colspan="2">总金额
（人民币元）</td><td></td></tr>
<tr><td colspan="2">计费人</td><td></td></tr>
<tr><td colspan="2">收费人</td><td></td></tr>
<tr><td colspan="4" rowspan="3">报检人郑重声明：
1．本人被授权报检。
2．上列填写内容正确属实。
签名：____________</td><td colspan="3">领取证单</td></tr>
<tr><td>日期</td><td colspan="2"></td></tr>
<tr><td>签名</td><td colspan="2"></td></tr>
</table>

注：有“*”号栏由出入境检验检疫机关填写。　　　　◆ 国家出入境检验检疫局制

操作实训 5-4 出境货物报检单的填制

实训目的：熟练掌握出境货物报检单的填制方法。

实训要求：请根据任务背景资料中原始单证的内容，正确填制出境货物报检单。

资料：

以下是某公司报检时提供的 L/C 中的部分内容。

FORM OF DOCUMENTARY CREDIT:
IRREVOCABLE
DOCUMENTARY CREDIT NUMBER: 20130120
DATE OF ISSUE: 20130910
DATE AND PLACE OF EXPIRY: 20131109 CHINA
APPLICANT:
HONG KONG ABC CO., LTD.
No.111 SSS ROAD, HONG KONG
BENEFICIARY:
SHIJIAZHUANG EEE CO., LTD.
No. 222 HEPING ROAD, SHIJIAZHUANG, CHINA
CURRENCY CODE, AMOUNT:
CURRENCY: USD
AMOUNT:$20,000
AVAILABLE WITH…BY…
ANY BANK IN CHINA ON SIGHT BASIS BY NEGOTIATION
PARTIAL SHIPMENTS: ALLOWED
TRANSSHIPMENT: PROHIBITED
PORT OF LOADING: ANY MAIN PORT OF CHINA
PORT OF DISCHARGE: HONG KONG
LATEST DATE OF SHIPMENT: 20131026
DESCRIPTION OF GOODS AND/OR SERVICES:
WOODEN CHAIRS 200 PCS AT USD 100.00 PER PC
DOCUMENTS REQUIRED:

1．SIGNED COMMERCIAL INVOICE IN 1 ORIGINAL AND 3 COPIES.

2．PACKING LIST IN 1 ORIGINAL SHOWING WEIGHT AND MEASUREMENT PER PACKAGE.

3. (2/3) SETS OF ORIGINAL CLEAN ON BOARD OCEAN BILLS OF LADING, MADE OUT TO ORDER OF HONG KONG ABC CO., LTD., MARKED "FREIGHT COLLECT".

4. INSPECTION CERTIFICATE ISSUED AND SIGNED BY HEAD OF SHIJIAZHUANG REPRESENTATIVE OFFICE OF HONG KONG ABC CO., LTD.

5. PHYTOSANITY CERTIFICATE ISSUED BY CIQ (THE CONSIGNOR MUST BE HONG KONG ABC CO., LTD)

ADDITIONAL CONDITIONS:

+INSURANCE TO BE COVERED BY ULTIMUM BUYER.

+BILLS OF LADING MUST NOT SHOW THIS L/C No.

请填制以下出境货物报检单。

中华人民共和国出入境检验检疫

出境货物报检单

报检单位（加盖公章）：　　　　　　　　　　　　　* 编　　号＿＿＿＿＿＿＿＿

报检单位登记号：　　　　联系人：　　　　电话：　　　报检日期：　　年　　月　　日

发货人	（中文）						
	（外文）						
收货人	（中文）						
	（外文）						
货物名称（中/外文）	H.S.编码	产地		数/重量	货物总值		包装种类及数量
运输工具名称号码		贸易方式			货物存放地点		
合同号		信用证号				用途	
发货日期		输往国家（地区）		许可证/审批号			
启运地		到达口岸		生产单位注册号			
集装箱规格、数量及号码							
合同、信用证订立的检验检疫条款或特殊要求		标记及号码			随附单据（画“✓”或补填）		
					□合同 □信用证 □发票 □换证凭单 □装箱单 □厂检单		□包装性能结果单 □许可/审批文件 □ □ □ □

需要证单名称（画“✓”或补填）				* 检验检疫费	
□品质证书	＿正＿副	□植物检疫证书	＿正＿副	总金额（人民币元）	
□重量证书	＿正＿副	□熏蒸/消毒证书	＿正＿副		
□数量证书	＿正＿副	□出境货物换证凭单		计费人	
□兽医卫生证书	＿正＿副	□出境货物通关单		收费人	
□健康证书	＿正＿副	□			
□卫生证书	＿正＿副	□			
□动物卫生证书	＿正＿副	□			

报检人郑重声明：	领取证单	
1．本人被授权报检。	日期	
2．上列填写内容正确属实，货物无伪造或冒用他人的厂名、标志、认证标志，并承担货物质量责任。 签名：＿＿＿＿＿＿	签名	

注：有“*”号栏由出入境检验检疫机关填写。　　　　◆国家出入境检验检疫局制

任务3 原产地证的填制

5.3.1 原产地证概述

原产地证是卖方应进口商的要求，自行签发或向特定的机构申请后由其签发的证明出口商品的产地或制造地的一种证明文件。它是决定出口产品在进口国受何种关税待遇的重要证明文件，也是进口国对某些国家或某种商品采取控制进口额度和进口数量的依据。

我国国家质量监督检验检疫局和中国国际贸易促进委员会（以下简称贸促会）分别代表官方和民间机构对外签发原产地证。常见的原产地证有一般原产地证和普惠制原产地证FORMA。

若合同或信用证没有要求出证部门，可由出口方自行缮制并签发出具原产地证。该类证书内容简单，办理的手续最简便，便于更改，也不需支付任何签证费用。

5.3.2 原产地证的填制要点

1. 一般原产地证

一般原产地证简称产地证，是指中华人民共和国出口货物原产地证，它是证明中国出口货物符合《中华人民共和国货物原产地规则》，中华人民共和国确实是原产地的证明文件。

国家质量监督检验检疫局和贸促会都可签发一般原产地证，它具有统一的格式和编号，有长城水印防伪花纹。出口商需要在每批货物报关出运前3天，根据信用证、合同的规定缮制原产地证，并按要求向上述机构申请签发。申请时，提交全套已制好的原产地证及合同、商业发票和装箱单的副本各一份，签证机构会在证书正本上盖章，并留一份黄色副本备查。一般原产地证的缮制要求如下。

（1）出口商（Exporter）。按实际填写，信用证项下为受益人。

（2）收货人（Consignee）。一般为进口商名称、地址及所在国。

（3）运输方式和路线（Means of transport and route）。按信用证或合同规定，填起运地、目的地及采用的运输方式。

（4）目的地国家或地区（Country/region of destination）。一般应与最终收货人或最终目的港国别一致，不能填中间商国家的名称。

（5）供出证方使用（For certifying authority use only）。由签证机构在签发后发证书、补发证书或加注其他声明时使用，一般留空不填。

（6）标记唛码（Marks and numbers）。应按照发票上所列唛头填写完整，若没有唛头，则填“N/M”，不得留空不填。

（7）包装件数和种类；品名（Number and kind of packages;description of goods）。一般

应按商业发票填写，品名要具体，不得概括；包装种类和件数要按具体单位填写总的包装件数，并在阿拉伯数字后加注英文表述，末行要打上表示结束的符号****，以防加添。若货物为散装，则在品名后加注 IN BULK。

（8）H.S.编码（H.S.Code）。按规定填写，不得留空。

（9）数量（Quantity）。填写出口货物的数量及商品计量单位，若无则填重量。

（10）发票号码及日期（Number and date of invoices）。如：INVOICE No.:FHTO21T；INVOICE DATE: DEC 10, 2013。

（11）出口商声明（Declaration by the exporter）。已事先印好，由出口公司填写签发地点、日期并盖公章和专人签字，且签字与公章不得重合。

（12）证明（Certification）。由签证机构填写签发地点、日期、盖章和手签。

2．普惠制原产地证 FORM A

普惠制原产地证是根据发达国家给予发展中国家的一种关税优惠制度，即普遍优惠制，签发的一种优惠性原产地证。在对外贸易中，可简称为 FORM A 或 GSP FORM A。凡享受普惠制待遇的商品，出口方一般应向给惠国提供原产地证 FORM A。

该证书纹面为绿色扭索形图案，由出口企业在货物出运前 5 天自行缮制，连同该证书申请及商业发票一份送交当地检验检疫局审核，审核无误即签发正本一份。证书缮制要求如下。

（1）出口商名称、地址及所在国（Exporter's business name, address, country）。本栏须填写出口商的全称和详细地址，包括街道及门牌号码等。

（2）收货人名称、地址、国家（Consignee's name, address, country）。一般为给惠国的收货人名称、地址，不能填中间商名称或地址。

（3）运输方式和路线（Means of transport and routes ）。按信用证或合同规定，填起运地、目的地及采用的运输方式。

（4）供官方使用（For official use）。由签证机构根据需要填写。

（5）商品项目编号（Item number）。有几种商品，就编几个号码，如 1、2、3 等。若只有一种商品，本栏填 1。

（6）标记唛码（Marks and numbers）。应按实际填写，若唛头过多可利用第 7、8 栏。

（7）品名及包装种类和件数（Number and kind of packages;description of goods）。一般应按商业发票填写，品名要具体，不得概括；包装种类和件数要用阿拉伯数字和英文同时表示，在下行要打上表示结束的符号****，以防加添。若货物为散装，则在品名后加注 IN BULK。

（8）原产地标准（Origin criterion）。本栏是证书的核心，根据规定填写，要求如下。

1）完全自产于出口国的产品，输往给惠国时，填写“P”。对澳大利亚和新西兰出口时，可不必填写。

2）经过出口国充分制作或加工的产品，输往下列国家时，其填写要求如下。

① 加拿大。对于在两个或两个以上受惠国内加工或制作且符合原产地标准的产品，填“G”，其他填“F”。

② 日本、挪威、瑞士和欧盟。填“W”，其后填明出口产品 H.S.编码的前四位税则号，如“W”9618。

③ 白俄罗斯、保加利亚、捷克、匈牙利、哈萨克斯坦、波兰、俄罗斯联邦、乌克兰和斯洛伐克。对于在出口受惠国增值的产品，填“Y”，其后注明进口原料和部件的价值在出口产品离岸价格中所占的百分比，如“Y”45%。对于在一个受惠国生产而在另一个或数个其他受惠国制作或加工的产品，填写“PK”。

④ 澳大利亚和新西兰。本栏不必填写，在第 12 栏做出适当申报即可。

⑤ 美国。对于单一国家生产的货物，填“Y”。对于被认定的国家集团生产的货物填“Z”，其后填明本国原料的成本或价值加上直接加工成本在该出口货物出厂价中所占的百分比（如“Y”35% 或“Z”35%）

(9) 毛重或数量（Gross weight or other quantity）。填写出口货物的量值及商品计量单位，若无则填重量。

(10) 发票号码及日期（Number and date of invoices）。如 INVOICE No.:FHTO21T；INVOICE DATE: DEC 10, 2013。

(11) 证明（Certification）。由签证机构填写签发地点、日期、盖章和手签。

(12) 出口商声明（Declaration by the exporter）已事先印好，由出口公司填写签发地点、日期并加盖公章和专人签字，公章应为中英文对照章，且签字与公章不得重合。

5.3.3　原产地证示例

一般原产地证和普惠制原产地证 FORM A 如图 5-5 和图 5-6 所示。

<table>
<tr><td colspan="2">1.Exporter</td><td colspan="3" rowspan="2">Certificate No.
CERTIFICATE OF ORIGIN
OF
THE PEOPLE'S REPUBLIC OF CHINA</td></tr>
<tr><td colspan="2">2.Consignee</td></tr>
<tr><td colspan="2">3.Means of transport and route</td><td colspan="3" rowspan="2">5.For certifying authority use only</td></tr>
<tr><td colspan="2">4.Country/region of destination</td></tr>
<tr><td>6.Marks and numbers</td><td>7.Number and kind of packages; description of goods</td><td>8.H.S. code</td><td>9.Quantity</td><td>10.Number and date of invoices</td></tr>
<tr><td colspan="2">11.Declaration by the exporter
The undersigned hereby declares that the above details and statements are correct; that all the goods were is correct.
produced in china and that they comply with the rules of origin of the people's republic of china.

……………………………………………………………
Place and date, signature and stamp of certifying authority</td><td colspan="3">12.Certification
It is hereby certified that the declaration by the exporter

……………………………………………………………
Place and date, signature and stamp of certifying authority</td></tr>
</table>

图 5-5　一般原产地证

<table>
<tr><td colspan="3">1. goods consigned from (Exporter's name, address, country)</td><td colspan="3" rowspan="2">Reference No.

GENERALIZED SYSTEM OF PREFERENCES
CERTIFICATE ORIGIN
(combined declaration and certificate)
FORM A
Issued in <u>THE PEOPLE'S REPUBLIC OF CHINA</u>
(COUNTRY)
see notes. overleaf</td></tr>
<tr><td colspan="3">2. goods consigned to (Consignee's name, address, country)</td></tr>
<tr><td colspan="3">3.Means of transport and route(as far as known)</td><td colspan="3">4.For official use</td></tr>
<tr><td>5.Item number</td><td>6.Marks and numbers</td><td>7.Number and kind of packages; description of goods</td><td>8.Origin criterion (see notes overleaf)</td><td>9.Gross weight or other Quantity</td><td>10.Number and date of invoices</td></tr>
<tr><td colspan="3">11. Certification
It is hereby certified, on the basis of control out, that the declaration by the exporter is correct.

....
Place and date, signature and stamp of certifying authority</td><td colspan="3">12. Declaration by the exporter
The undersigned hereby declares that the above details and statements are correct; that all the goods were produced
in CHINA and that they comply with the origin requirements specified for those goods in the generalized system of preferences for goods exported to

....
(importing country)

....
Place and date, signature and stamp of certifying authority</td></tr>
</table>

图 5-6 普惠制原产地证 FORM A

操作实训 5-5 一般原产地证的填制

实训目的：熟练掌握一般原产地证的填制方法。

实训要求：请根据以下有关资料内容，缮制一般原产地证一份。

资料

中国大连的一家公司与印度公司签订一份出口合同，合同主要内容如下。

Exporter: XINGLONG GROUP COMPANY LIMITED，100 XILIN STREET, DALIAN 116021,CHINA

Importer: FAIR GUAIN & CO. 85, NAYA BAZAR, DELHI 110006 (INDIA)

Contract No. : HIRE1323

L/C No.： 1203N10028

The latest date of shipment: 2013, Nov. 10

Expiry date of L/C: 2013, Nov. 25

有关的信用证条款如下。

DESCRIPTION OF GOODS/SERVICES:

CHINESE Light Speckled Kidney Beans（中国奶花芸豆）

ADMIXTURE: 1PCT.MAX

MOISTURE: 16PCT.MAX

IMPERFECT GRAINS, OTHER COLOUR BEANS AND WATER STAIN BEANS: 5PCT.MAX（不完善粒，其他颜色豆类和水渍豆类：5PCT.MAX）

TRADE TERM: FOB DALIAN

PACKING: ABOUT 50KG PER GUNNY BAG

DOCUMENTS REQUIRED:

+CERTIFICATE OF ORIGIN ISSUED BY COMPETENT AUTHORITY IN ONE ORIGINAL PLUS TWO COPIES.

卖方于 11 月 10 日装船完毕，取得提单。

货物明细如下。

WEIGHT：108.575MT，2150 GUNNY BAGS，以毛作净。

VESSEL,VOY No.: S.S.VICTORY V.146E

CONTAINER No.：HDMU2132707/2147245/2166420/2288198/2320978

MARKS：N/M

CERTIFICATE OF ORIGIN No.：3366889

APPLICATION DATE OF CERTIFICATE: 2013, Nov. 7

ISSUING DATE：2013, Nov. 8

H.S.code: 0713.3390

INVOICE No.：8756893

INVOICE DATE：2013, Nov. 5

请根据以上资料填制以下一般原产地证。

<table>
<tr><td colspan="2">1.Exporter</td><td colspan="3" rowspan="2">Certificate No.
CERTIFICATE OF ORIGIN
OF
THE PEOPLE'S REPUBLIC OF CHINA</td></tr>
<tr><td colspan="2">2.Consignee</td></tr>
<tr><td colspan="2">3.Means of transport and route</td><td colspan="3" rowspan="2">5.For certifying authority use only</td></tr>
<tr><td colspan="2">4.Country/region of destination</td></tr>
<tr><td>6.Marks and numbers</td><td>7.Number and kind of packages; description of goods</td><td>8.H.S. code</td><td>9.Quantity</td><td>10.Number and date of invoices</td></tr>
<tr><td colspan="2">11.Declaration by the exporter
The undersigned hereby declares that the above details and statements are correct; that all the goods were produced in china and that they comply with the rules of origin of the people's republic of china.

……………………………………………………………
Place and date, signature and stamp of certifying authority</td><td colspan="3">12.Certification
It is hereby certified that the declaration by the exporter is correct.

……………………………………………………………
Place and date, signature and stamp of certifying authority</td></tr>
</table>

操作实训 5-6　普惠制原产地证的填制

实训目的：熟练掌握普惠制原产地证的填制方法。

实训要求：请根据以下资料信息和信用证（No.:001/95/14020X）有关内容，缮制一份普惠制原产地证。

资料

1．The cargo under this L/C is transported via Hongkong by sea. All of the goods are made in China.

2. The invoice number is 95XW10 issued on MAR.12.2013.

3. FORM A is issued on MAR.13.2013 in Guang Zhou. The date of applying for FORM A of the exporter is MAR.12.2013.

4. The packages and marks of the cargo are as follows:

(1) XUWANG DOCUMENTATION SYSTEMS:

10stes per carton

Marks: BLG TREE

LONDON

CTNS# 1-300

KEEP DRY

(2) XUWANG EDUCATION SYSTEMS:

10boxes per carton

Marks: BLG TREE

LONDON

CTNS# 1-500

KEEP DRY

信用证资料如下。

ISSUING BANK: STANDARD CHARTERED BANK, LONDON

ADVISING BANK: BANK OF CHINA GUANGZHOU

APPLICANT: PETRICO INTERNATIONAL TRADING CORP. UO SHEPPARD ARENUE EAST SUITE 406 WILLOWDALE ONTARIO CANADA M2K W2

BENEFICIARY:XUWANG BUSINESS COMPUTING CO. LTD RM. NA34. ZIJINGYUAN HOTEL OF ZHONGSHAN UNIVERSITY, GUANGZHOU.P.R. CHINA.

FORM OF L/C: IRREVOCABLE

L/C No.: 001/95/14020X

ISSUING DATE: 13.02.22

EXPIRY DATE/PLACE: 13.04.30 IN COUNTRY OF BENEFICIARY

L/C AMOUNT: USD 4,458,314.00

AMOUNT SPECIFICATION: CIF

AVAILABLE WITH/BY: FREELY AVAILABLE BY NEGOTIATION

DRAFTS: AT SIGHT DRAWN ON OURSELVES

TRANSPORT DETAILS: FROM CHINESE PORT NOT LATER THAN 15TH APRIL TO TORONTO, CANADA

DESCRIPTION OF GOODS:

XUWANG DOCUMENTATION SYSTEMS VERSION 5.0 1000SETS

XUWANG DOCUMENTATION SYSTEMS VERSION 6.0 2000SETS

XUWANG EDUCATION SYSTEMS 5000 BOXES

DOCUMENTS REQUIRED: CERTIFICATE OF ORIGIN FORM A DULY NOTARIZED IN SIX COPIES.

CONDITIONS: CONSIGNEE-BIG TREE BUSINESS CO. LTD SUNRISE STREET EAST, TORONTO, CANADA.

请根据以上资料填制以下普惠制原产地证。

<table>
<tr><td colspan="3">1. goods consigned from (Exporter's name, address, country)</td><td colspan="3" rowspan="2">Reference No.

GENERALIZED SYSTEM OF PREFERENCES
CERTIFICATE ORIGIN
(combined declaration and certificate)
FORM A
Issued in **THE PEOPLE'S REPUBLIC OF CHINA**
(COUNTRY)
see notes. overleaf</td></tr>
<tr><td colspan="3">2. goods consigned to (Consignee's name, address, country)</td></tr>
<tr><td colspan="3">3.Means of transport and route(as far as known)</td><td colspan="3">4.For official use</td></tr>
<tr><td>5.Item number</td><td>6.Marks and numbers</td><td>7.Number and kind of packages; description of goods</td><td>8.Origin criterion (see notes overleaf)</td><td>9.Gross weight or other Quantity</td><td>10.Number and date of invoices</td></tr>
<tr><td colspan="3">11. Certification
It is hereby certified, on the basis of control out, that the declaration by the exporter is correct.

……………………………………………………
Place and date, signature and stamp of certifying authority</td><td colspan="3">12. Declaration by the exporter
The undersigned hereby declares that the above details and statements are correct; that all the goods were produced in ....**CHINA**........ and that they comply with the origin requirements specified for those goods in the generalized system of preferences for goods exported to
……………………………………………………
(importing country)

……………………………………………………
Place and date, signature and stamp of certifying authority</td></tr>
</table>

能力考核表

专业能力实训成绩考核表

<table>
<tr><th colspan="2">专业能力</th><th>评估标准</th><th>分项成绩</th></tr>
<tr><td colspan="2" rowspan="2">1. 进出口货物报关单的填制</td><td>（1）能够正确填制进口货物报关单</td><td>20</td></tr>
<tr><td>（2）能够正确填制出口货物报关单</td><td>20</td></tr>
<tr><td colspan="2" rowspan="2">2. 出入境检验检疫证单的填制</td><td>（1）能够正确填制入境货物报检单</td><td>15</td></tr>
<tr><td>（2）能够正确填制出境货物报检单</td><td>15</td></tr>
<tr><td colspan="2" rowspan="2">3. 原产地证的填制</td><td>（1）能够正确填制一般原产地证</td><td>15</td></tr>
<tr><td>（2）能够正确填制普惠制原产地证</td><td>15</td></tr>
<tr><td colspan="3">总成绩Σ100</td><td></td></tr>
<tr><td>教师评语</td><td colspan="3">签名：
年　　月　　日</td></tr>
<tr><td>学生意见</td><td colspan="3">签名：
年　　月　　日</td></tr>
</table>

项目 6

综合业务实训

学习目标

知识目标

- 理解外贸单证制单的基本方法。
- 掌握开证和审证、制单和审单的方法和要求。

能力目标

工作任务	能力目标
熟悉外贸单证业务	熟悉外贸单证的种类、格式、内容
理解外贸单证的工作要求	1．能够掌握制单的基本方法 2．能够熟练制作各种外贸单证
掌握综合运用知识的能力	能够综合运用知识，较好地处理单证业务

任务 1　综合制单实训（一）

6.1.1　实训资料

根据下列国外来证及有关信息制单。

AWC-23-522 号合同项下商品的有关信息如下：该批商品用纸箱包装，每箱装 10 盒，每箱净重为 75 公斤，毛重为 80 公斤，纸箱尺寸为 113×56×30CM，商品编码为 6802.2110，货物由“胜利”轮运送出海。

FROM：HONGKONG AND SHANGHAI BANKING CORP., HONGKONG

TO: BANK OF CHINA, XIAMEN BRANCH, XIAMEN CHINA

TEST: 12345 DD. 010705 BETWEEN YOUR HEAD OFFICE AND US. PLEASE CONTACT YOUR No. FOR VERIFICATION.

WE HEREBY ISSUED AN IRREVOCABLE LETTER OF CREDIT

No. HKH123123 FOR USD8,440.00, DATED 040705.

APPLICANT: PROSPERITY INDUSTRIAL CO. LTD.

342-3 FLYING BUILDING KINGDOM STREET HONGKONG

BENEFICIARY: XIAMEN TAIXIANG IMP. AND EXP. CO. LTD.

No. 88 YILA ROAD 13/F XIANG YE BLOOK RONG HUA BUILDING, XIAMEN, CHINA

THIS L/C IS AVAILABLE WITH BENEFICIARY’S DRAFT AT 30 DAYS AFTER SIGHT DRAWN ON US ACCOMPANIED BY THE FOLLOWING DOCUMENTS:

1．SIGNED COMMERCIAL INVOICE IN TRIPLICATE.

2．PACKING LIST IN TRIPLICATE INDICATING ALL PACKAGE MUST BE PACKED IN CARTON/ NEW IRON DRUM SUITABLE FOR LONG DISTANCE OCEAN TRANSPORTATION.

3．CERTIFICATE OF CHINESE ORIGIN IN DUPLICATE.

4．FULL SET OF CLEAN ON BOARD OCEAN MARINE BILL OF LADING MADE OUT TO ORDER AND BLANK ENDORSED MARKED “FREIGHT PREPAID” AND NOTIFY APPLICANT.

5．INSURANCE POLICY OR CERTIFICATE IN DUPLICATE ENDORSED IN BLANK FOR THE VALUE OF 110 PERCENT OF THE INVOICE COVERING FPA/WA/ALL RISKS AND WAR RISK AS PER CIC DATED 1/1/81.

SHIPMENT FROM: XIAMEN, CHINA .SHIPMENT TO: HONGKONG

LATEST SHIPMENT 31 AUGUST 2013

PARTIAL SHIPMENT IS ALLOWED, TRANSSHIPMENT IS NOT ALLOWED.

COVERING SHIPMENT OF:

COMMODITY AND SPECIFICATIONS	QUANTITY	UNIT PRICE	AMOUNT
		CIF	HONGKONG.
1625/3D GLASS MARBLE	2000BOXES	USD2.39/BOX	USD4,780.00
1641/3D GLASS MARBLE	1000BOXES	USD1.81/BOX	USD1,810.00
2506D GLASS MARBL	1000BOXES	USD1.85/BOX	USD1,850.00

SHIPPING MARK: P.7.
HONGKONG
No. 1-400

ADDITIONAL CONDITIONS:

5 PERCENT MORE OR LESS BOTH IN QUANTITY AND AMOUNT IS ALLOWED.

ALL BANKING CHARGES OUTSIDE ISSUING BANK ARE FOR ACCOUNT OF BENEFICIARY.

DOCUMENTS TO BE PRESENTED WITHIN 15 DAYS AFTER THE DATE OF ISSUANCE OF THE SHIPPING DOCUMENT BUT WITHIN THE VALIDITY OF THE CREDIT.

INSTRUCTIONS:

NEGOTIATING BANK IS TO SEND DOCUMENTS TO US IN ONE LOT BY DHL.

UPON RECEIPT OF THE DOCUMENTS IN ORDER WE WILL COVER YOU AS PER YOUR INSTRUCTIONS.

L/C EXPIRATION: 15 SEP. 2013.

THIS L/C IS SUBJECT TO UNIFORM CUSTOMS AND PRACTICE FOR DOCUMENTARY CREDITS (1993 REVISION) INTERNATIONAL CHAMBER OF COMMERCE PUBLICATION No. 500.

PLEASE ADVISE THIS L/C TO THE BENEFICIARY WITHOUT ADDING YOUR CONFIRMATION.

THIS TELEX IS THE OPERATIVE INSTRUMENT AND NO MAIL CONFIRMATION WILL BE FOLLOWED.

+++++

6.1.2 实训要求

根据实训资料制作该业务项下的全套单据。

1．发票

缮制如图 6-1 所示的发票。

XIAMEN TAIXIANG IMP. AND EXP. CO. LTD.

No. 88 YILA ROAD 13/F XIANG YE BLOOK RONG HUA BUILDING, XIAMEN, CHINA

COMMERCIAL INVOICE

TO：
PROSPERITY INDUSTRIAL CO.LTD

342-3 FLYING BUILDING KINGDOM STREET
HONGKONG

No.：自编
DATE：7 月 5 日~8 月 31 日，2013
L/C No.：HKH123123
S/C No.：AWC-23-522

PAYMENT TERMS：BY L/C
FROM XIAMEN TO HONGKONG BY SEA

MARKS & No.	DESCRIPTIONS OF GOODS	QUANTITY	UNIT PRICE	AMOUNT
P.7.	1625/3D GLASS MARBLE	2000BOXES	USD2.39/BOX	USD4,780.00
HONGKONG	1641/3D GLASS MARBLE	1000BOXES	USD1.81/BOX	USD1,810.00
No. 1-400	2506D GLASS MARBLE	1000BOXES	USD1.85/BOX	USD1,850.00
TOTAL：		4000BOXES	CIF HONGKONG	USD8,440.00

SAY US DOLLARS EIGHT THOUSAND FOUR HUNDRED AND FORTY ONLY.

XIAMEN TAIXIANG IMP. AND EXP. CO. LTD.

STAMP & SIGNATURE

图 6-1 发票

2．装箱单

缮制如图 6-2 所示的装箱单。

XIAMEN TAIXIANG IMP. AND EXP. CO. LTD.

No. 88 YILA ROAD 13/F XIANG YE BLOOK RONG HUA BUILDING, XIAMEN, CHINA

PACKING LIST

TO：　　　　　　　　　　　　　　　　　　INVOICE No.：与发票同

PROSPERITY INDUSTRIAL　CO.LTD　　　　　DATE：不早于发票日期

342-3 FLYING BUILDING KINGDOM STREET　　L/C No.：HKH123123

HONGKONG　　　　　　　　　　　　　　　S/C No.：AWC-23-522

SHIPPING MARK: P.7.　　　　　　　　　　PAYMENT TERMS：BY L/C

HONGKONG

No. 1-400

FROM XIAMEN TO HONGKONG BY SEA

C/ No.	No.S & KIND	ITEM	QUANTITY	G/W	N/W	MEAS OF PKGS
GLASS MARBLE						
1-200	200 CTN	1625/3D	@10 BOXES	@80 KGS	@75 KGS	@ $1.13 \times 0.56 \times 0.3M^3$
201-300	100 CTNS	1641/3D	@10 BOXES	@80 KGS	@75 KGS	@ $1.13 \times 0.56 \times 0.3M^3$
301-400	100 CTNS	2506D	@10 BOXES	@80 KGS	@75 KGS	@ $1.13 \times 0.56 \times 0.3M^3$
TOTAL：400CTNS			4 000 BOXES	32 000 KGS	30 000 KGS	$75.936M^3$

TOTAL PKGS：FOUR HUNDRED CARTONS ONLY

TOTAL QTY：4 000 BOXES

TOTAL G/W：32 000 KGS

TOTAL N/W：30 000 KGS

TOTAL MEAS：75.936 M^3

ALL THE GOODS HAVE BEEN PACKED IN CARTON SUITABLE FOR LONG DISTANCE OCEAN TRANSPORTATION.

XIAMEN　TAIXIANG　IMP. AND EXP. CO. LTD.

图 6-2　装箱单

3. 原产地证

缮制如图 6-3 所示的原产地证。

<table>
<tr><td colspan="2">1.Exporter
XIAMEN TAIXIANG IMP. AND EXP. CO. LTD.
No. 88 YILA ROAD 13/F XIANG YE BLOOK RONG HUA BUILDING, XIAMEN, CHINA</td><td colspan="3" rowspan="2">Certificate No.

CERTIFICATE OF ORIGIN
OF
THE PEOPLE'S REPUBLIC OF
CHINA</td></tr>
<tr><td colspan="2">2.Consignee
PROSPERITY INDUSTRIAL CO. LTD.
342-3 FLYING BUILDING KINGDOM STREET HONGKONG</td></tr>
<tr><td colspan="2">3.Means of transport and route
FROM XIAMEN TO HONGKONG BY SEA</td><td colspan="3" rowspan="2">5.For certifying authority use only</td></tr>
<tr><td colspan="2">4.Country/region of destination
HONGKONG</td></tr>
<tr><td>6.Marks and numbers

P.7.
HONGKONG
No. 1-400</td><td>7.Number and kind of packages; description of goods

1625/3D GLASS MARBLE
1641/3D GLASS MARBLE
2506D GLASS MARBLE</td><td>8.H.S.code

6802.2110</td><td>9.Quantity

2 000 BOXES
2 000 BOXES
2 000 BOXES</td><td>10.Number and date of invoices

发票号
发票日期</td></tr>
<tr><td colspan="2">11.Declaration by the exporter
The undersigned hereby declares that the above details and statements are correct; that all the goods were produced in china and that they comply with the rules of origin of the people's republic of china.

XIAMEN TAIXIANG IMP. AND EXP. CO. LTD.
STAMP & SIGNATURE

XIAMEN，CHINA，装箱日期后
……………………………………………………
Place and date, signature and stamp of certifying authority</td><td colspan="3">12.Certification
It is hereby certified that the declaration by the exporter is correct.

HONGKONG，CHINA，日期
……………………………………………………
Place and date, signature and stamp of certifying authority</td></tr>
</table>

图 6-3　原产地证

4．提单

缮制如图 6-4 所示的提单。

<table>
<tr><td colspan="2">Shipper
XIAMEN TAIXIANG IMP.
AND EXP. CO. LTD.
No. 88 YILA ROAD 13/F
XIANG YE BLOOK
RONG HUA BUILDING, XIAMEN, CHINA</td><td rowspan="6">B/L No.XMV0998
中 国 对 外 贸 易 运 输 总 公 司
CHINA NATIONAL FOREIGN TRADE TRANSPORTATION CORP.
直运或转船提单
BILL OF LOADING
DIRECT OR WITH TRANSHIPMENT PROSPERITY
SHIPPED on board in apparent good order and condition (unless otherwise indicated) the goods or packages specified herein and to be discharged at the mentioned port of discharge or as near thereto as the vessel may safely get and be always afloat.
The weight, measure, marks and numbers, quality, contents and value. Being particulars furnished by the shipper, are not checked by the currier on loading.
The shipper, consignee and the holder of this bill of lading hereby expressly accept and agree to all printed, written or stamped provisions. Exceptions and conditions of this Bill of Lading, including those on the back hereof.
IM WITNESS whereof the number of original Bills if Lading stated below have been signed, one of which being accomplished, the other to be void</td></tr>
<tr><td colspan="2">Consignee or order
TO ORDER</td></tr>
<tr><td colspan="2">Notify address
INDUSTRIAL CO. LTD.
342-3 FLYING BUILDING
KINGDOM STREET，
HONGKONG</td></tr>
<tr><td>Pre-carriage by</td><td>Place of Receipt
XIAMEN</td></tr>
<tr><td>Vessel
SHENGLI</td><td>Port of Loading
XIAMEN</td></tr>
<tr><td>Port of discharges
HONGKONG</td><td>Final destination</td></tr>
</table>

<table>
<tr><td colspan="2">Container seal No. or marks and Nos.
P.7. HONGKONG
No. 1-400</td><td>Number and kind of packages
Description of goods
GLASS　MARBLE
400　CTNS</td><td>Gross weight(kgs.)
32000</td><td>Measurement(m^3)
75.936</td></tr>
<tr><td colspan="3">REGARDING TRANSHIPMENT
INFORMATION PLEASE CONTACT</td><td colspan="2">Freight and charges
FREIGHT　PREPAID</td></tr>
<tr><td rowspan="2">Ex. rate</td><td>Prepaid at</td><td>freight payable at</td><td colspan="2">Place and date of issue　地点、日期</td></tr>
<tr><td>Total prepaid</td><td>Number of original Bs/L
THREE（3）</td><td colspan="2">Signed for or on behalf of the Master as Agent
应有签名</td></tr>
</table>

(SINOTRANS STANDARD FORM4)

SUBJECT TO THE TERMS AND CONDITIONS ON BACK 95c No. 0123450

图 6-4　提单

5. 保险单

缮制如图 6-5 所示的保险单。

中国平安保险股份有限公司
PING AN INSURANCE COMPANY OF CHINA，LTD.

No. 1000005959　　货 物 运 输 保 险 单

CARGO TRANPORTATION INSURANCE POLICY

被保险人：Insured　XIAMEN　TAIXIANG　IMP. AND EXP. CO. LTD

中国平安保险股份有限公司根据被保险人的要求及其所交付约定的保险费，按照本保险单背面所载条款与下列特款，承保下述货物运输保险，特立本保险单。

This Policy of Insurance witnesses that PING AN INSURANCE COMPANY OF CHINA，LTD.，at the request of the Insured and in consideration of the agreed premium paid by the Insured，undertakes to insure the undermentioned goods in transportation subject to the conditions of Policy as per the clauses printed overleaf and other special clauses attached hereon.

保单号
Policy No.　　赔款偿付地点 Claim Payable at　HONGKONG（IN USD）

发票或提单号
Invoice No. or B/L No.　INVOICE　No. GM-2012

运输工具
per conveyance S.S.　SHENGLI VESSEL　　查勘代理人 Survey By：

起运日期
Slg. on or abt.　AS PER B/L　　自 From　XIAMEN

至 To　HONGKONG

保险金额
Amount Insured　US　DOLLARS NINE THOUSAND TWO HUNDRED AND EIGHTY FOURONLY (USD 9284.00)

保险货物项目、标记、数量及包装：
Description, Marks, Quantity & Packing of Goods：
GLASS MARBLE

承保条件
Conditions：　COVERING　ALL RISKS (或 FPA 或 WA) AND WAR RISK AS PER　CIC DATED 1/1/81

1625/3D P.7.		2000BOXES 200CTNS
1641/3D HONGKONG		1000BOXES 100CTNS
2506D	No. 1-400	1000BOXES 100CTNS
TOTAL		4000BOXES 400CTNS

签单日期
Date：　日期不迟于 B/L

For and on behalf of
PING AN INSURANCE OF COMPANY CHINA，LTD.
authorized signature

COPY

图 6-5　保险单

6. 汇票

缮制如图 6-6 所示的汇票。

凭

Drawn under HONGKONG AND SHANGHAI BANKING CORP. HONGKONG

信用证　　　　第　　　　号

L/C No. HKH123123

日期

Dated JULY,5,2013

按　　　　息　　　　付款

Payable with interest @.....................% per annum

号码　　　　汇票金额　　　　　　　　　中国，厦门　　　年　　月　　日

No. GM-2012 Exchange for USD 844 0 Xiamen, China (B/L 日期后 21 天之内,且在 9.15 之前)

1

见票

日后（本汇票之副本未付）

At 30 DAYS AFTER…Sight of this FIRST of Exchange (Second of exchange being unpaid)

pay to the order of **BANK OF CHINA, XIAMEN BRANCH** 或其指定人

付金额

The sum of US DOLLARS EIGHT THOUSAND FOUR HUNDRED AND FORTY ONLY

To HONGKONG AND SHANGHAI BANKING CORP.

HONGKONG

XIAMEN TAIXIANG IMP. AND EXP. CO. LTD.

No. 88 YILA ROAD 13/F XIANG YE BLOOK

RONG HUA BUILDING, XIAMEN, CHINA

STAMP & SIGNATURE

图 6-6 汇票

操作实训 6-1 出口单证业务模拟实训

实训目的：熟悉出口货物各种有关单证的填制规范。

实训要求：根据相关资料进行信用证的审证与改证及出口货物相关单证的制单。

1．买卖双方公司简介

（1）卖方——南京丽华纺织品进出口公司。

NANJING LIHUA TEXTILES IMP．& EXP．CORP．

TEL No.：025－6575328

FAX No.：025－6874231

E-MAIL.：njlihua@sina.com

南京丽华纺织品进出口公司是专门从事纺织品及服装进出口业务的外贸公司，经营商品种类繁多，尤其在女式套装的出口上非常有优势。

（2）买方——加拿大 PARMIXSPORTSWEARINC。

591 EAST LAMEN STREET，TORONTO，CANADA

TEL No.：001-416-5321668

FAX No.：001-416-6728491

E-MAIL：parmix@yahoo.com

加拿大 PARMIXSPORTSWEARINC.是加拿大多伦多地区一家知名的贸易公司，资信好，销售渠道多。

最近加拿大公司欲从中国进口一批女式套装，并已将询价单发给南京丽华纺织品进出口公司。买卖双方经过谈判，最终就 1 000 套女式套装（两种款式）达成交易。现出口商制作销售确认书传真给客户，并要求客户回签。

2．模拟实训资料

（1）销售确认书如下。

南京丽华纺织品进出口公司 正本

NANJING LIHUA TEXTILES IMP. & EXP. CORP. ORIGINAL

88, LIHUA ROAD, TIANNING DISTRICT, NANJING, JIANGSU, CHINA

销 售 确 认 书 编号 No.：FSK0508

SALES CONFIRMATION 日期：JULY25, 2013

买方

Buyer：PARMIX SPORTSWEAR INC.

地址

Address：591 EAST LAMEN STREET, TORONTO, CANADA.

电话 传真

TEL：001-416-5321668 FAX：001-416-6728491

兹经买卖双方同意成交下列商品订立条款如下：

The undersigned Sellers and Buyers have agreed to close the following transaction according to the terms and conditions stipulated below：

货物名称及规格 NAME OF COMMODITY AND SPECIFICATION	数 量 QUANTITY	单 价 UNIT PRICE	金 额 AMOUNT
P. O. 585 50PCT NYLON/50PCT RAYON, WOVEN LADIES 2 PCE SUIT—JACKET L/S/ FULLY LINED PANT W/BELT LOOPS STYLE 167C/168C		FOB SHANGHAI PORT	
LADIES 2PCE ENSEMBLE—TAI LORED WAISTCOAT/SKIRT, STYLE FULLY LINED 585A/169C	500SETS	USD10/SET	USD 5,000.00
	500 SETS	USD8/SET	USD 4,000.00 TOTAL VALUE： USD 9,000.00

装运

SHIPMENT TO BE EFFECTED BEFORE THE END OF AUGUST, 2013 FROM SHANGHAI, CHINA TO TORONTO , CANADA WITH PARTIAL SHIPMENT PROHABITTED AND TRANSHIPMENT ALLOWED.

续

付款条件		
PAYMENT	TO BE MADE BY SIGHT L/C	
包装		
PACKING	PACKED IN HANGERS	
唛头	PARMIX	
MARKS & NOS.	TORONTO	
	P. O. No.	
	CTN No.	
保险		
INSURANCE	TO BE COVERED BY THE BUYER	
	买方（签章）	卖方（签章）
	THE BUYER	THE SELLER

（2）卖方催促买方按照销售确认书的要求及时开证，国外来证如下。

HSBC　汇丰

NANJINGLIHUATEXTILESIMP.& EXP.CORP .

88,LIHUAROAD,TIANNINGDISTRICTNANJING,JIANGSU,CHINA

DEAR SIRS,

IN ACCORDANCE WITH THE TERMS OF ARTICLE 7(A)OF UCP 500 WE ADVISE HAVING RECEIVED THE FOLLOWING TELETRANSMISSION FROM HSBC BANK CANADA

(SWIFT ADDRESS：HKBCCATTMON)

27　SEQ OF TOTAL: 1/1

40A　FORM OF DC: IRREVOCABLE TRANSFERABLE

20　DC NO: DC HMN 60283

31C　DATE OF ISSUE: 4 AUG05

31D　EXPIRY DATE AND PLACE: 16SEP05 IN COUNTRY OF APPLICANT

50　APPLICANT: PARMIX SPORTSWEAR INC
591 EAST LAMEN STREET, TORONTO, CANADA

59　BENEFICIARY: NANJIN LIHU TEXTILES IMPORT& EXPORT CORP.
88, LIHUA: ROAD, TIANNINGDISTRICT
NANJING, JIANGSU, CHINA

32B DC AMT: USD9,000. 00

39A PCT CR AMT TOLERANCE: 05/ 05

41D AVAILABLEWITH/BY:ANY BANK BY NEGOTIATION

42C DRAFTS AT: SIGHT FOR FULL INVOICE VALUE

42D DRAWEE: ISSUING BANK

43P PARTIAL SHIPMENTS; ALLOWED

43T TRANSHIPMENT:ALLOWED

44A LOADING/ DISPATCH AT/ FROM:SHANGHAI PORT,CHINA

44B FOR TRANSPORTATION TO:VANCOUVER, CANADA

45A GOODS:

FOB SHANGHAI PORT

P. O. 585

50PCT NYLON/ 50PCT RAYON, WOVEN

LADIES 2PCE SUIT—JACKET L/S/ FULLY LINED PANT W/BELT

LOOPS STYLE 167C/168C TTL500 SETS AT USD10/SET

LADIES 2PCE ENSEMBLE—TAILORED WAISTCOAT/SKIRT,FULLY LINED

STYLE 585A/169C TTL500 SETS AT USD8/SET

LATEST SHIP DATE AUGUST 30/05

46A DOCUMENTS REQUIRED:

+ COMMERCIAL INVOICE IN TRIPLICATE

+ FULL SET CLEAN MARINE BILL OF LADING,ISSUED BY WELLSTAR FREIGHT SYSTEMS INC. SHANGHAI, SHOWING ON BOARD NOTATION, MADE TO THE ORDER OF HSBC BANK CANADA, MARKED FREIGHT COLLECT AND NOTIFY PARMIX SPORTSWEAR INC. 591 EAST LAMEN STREET, TORONTO, CANADA

+ PACKING LIST IN TRIPLICATE

+ BENEFICIARY'S CERTIFICATE CERTIFYING THAT WOODEN CRATES OR PALLETS WERE NOT USED.

+ ORIGINAL GSP CERTIFICATE OF ORIGIN FORM A ON OFFICIAL FORM PLUS ONE COPY

47A ADDITIONAL CONDITIONS:

ALL DOCUMENTS MUST BE IN ENGLISH. THE DRAFTS AND INVOICES MUST QUOTE THIS DOC. CREDIT NO. DC HMN60283,USD60 / CAD85 (OR

EQUIVALENT) PER SET OF DOCUMENTS / PER SHIPMENT PLUS ALL RELEVANT CABLE CHARGES WILL BE DEDUCTED FROM EACH NEGOTIATION OF DISCREPANT DOCUMENTS UNDER THIS DOCUMENTARY CREDIT. NOTHWITHSTANDING ANY INSTRUCTIONS TO THE CONTRARY,THESE CHARGES SHALL BE FOR THE ACCOUNT OF THE BENEFICIARY. ALL DOCUMENTS TO BE FORWARDED IN ONE LOT BY COURIER AT BENEFICIARY' S EXPENSE TO HSBC BANK CANADA,TORONTO TRADE SERVICES CENTRE, 5ND FLOOR, 30 RENE LEVESQUE WEST,TORONTO, ONTARIO, CANADA H4Z 6W1.

INSURANCE TO BE COVERED BY APPLICANT.

5. PERCENT MORE OR LESS IN QUANTITY AND DC AMOUNT ACCEPTABLE.

MARKS AND NUMBERS ARE AS FOLLOWS:

PARMIX, TORONTO, P. O. No., CTN No.

WHEN THE NOMINATED BANK IS REQUESTED TO TRANSFER THE WHOLE OR PART OF THIS CREDIT WITHOUT SUBSTITUTION, THEN THE NAME OF THE TRANSFEREE MUST BE ADVISED TO THE ISSUING BANK BY TESTED TELETRANSMISSION, AND MUST CONFIRM THAT THE AMOUNT OF SUCH TRANSFER HAS BEEN ENDORSED ON THE CREDIT. ANY BANK, OTHER THAN THE ADVISING BANK, REQUESTED TO TRANSFER THIS CREDIT, MUST REQUEST THE PERMISSION OF THE ISSUING BANK BY TESTED TELETRANSMISSION. THIS PERMISSION, IF GRANTED, WILL BE GIVEN IN THE FORM OF A FORMAL AMENDMENT.

IT IS A CONDITION OF THIS CREDIT THAT FOR EACH

DRAWING / PRESENTATION UNDER THIS CREDIT CONTAINING MORE THAN THREE

SETS OF DOCUMENTS WE WILL VIEW EACH SET OF DOCUMENTS AS A SEPARATE PRESENTATION. A CHARGE OF USD50. 00 OR EQUIVALENT FOR EACH ADDITIONAL SET OF DOCUMENTS PRESENTED WILL BE DEDUCTED FROM PROCEEDS.

NOTHWITHSTANDING THE PROVISIONS OF UCP500, IF WE GIVE NOTICE OF REFUSAL OF DOCUMENTS PRESENTED UNDER THIS CREDIT WE SHALL HOWEVER RETAIN THE RIGHT TO ACCEPT A WAIVER OF DISCREPANCIES FROM THE APPLICANT AND, SUBJECT TO SUCH WAIVER BEING ACCEPTABLE TO US, TO RELEASE DOCUMENTS AGAINST THAT WAIVER WITHOUT REFERENCE TO THE PRESENTER PROVIDED THAT NO WRITTEN INSTRUCTIONS TO THE CONTRARY HAVE BEEN

RECEIVED BY US FROM THE PRESENTER BEFORE THE RELEASE OF THE DOCUMENTS. ANY SUCH RELEASE PRIOR TO RECEIPT OF CONTRARY INSTRUCTIONS SHALL NOT CONSTITUTE A FAILURE ON OUR PART TO HOLD THE DOCUMENTS AT THE PRESENTER'S RISK AND DISPOSAL, AND WE WILL HAVE NO LIABILITY TO THE PRESENTER IN RESPECT OF ANY SUCH RELEASE.

PLEASE PRESENT AN EXTRA COPY OF ALL DOCUMENT FOR ISSUING BANK'S RECORD AND RETENTION.

PRESENTATION OF DOCUMENT(S) THAT ARE NOT ON THEIR FACE IN COMPLIANCE WITH APPLICABLE ANTI-BOYCOTT, ANTI-TERRORISM AND ANTI-MONEY LAUNDERING LAWS AND REGULATIONS IS NOT ACCEPTABLE. APPLICABLE LAWS MAY INCLUDE UNITED NATIONS AND LOCAL LAWS.

71B DETAILS OF CHARGES: ALL CHGS. OUTSIDE COUNTRY OF ISSUE FOR ACCOUNT OF BENEFICIARY / EXPORTER

48 PERIOD FOR PRESENTATION WITHIN 15 DAYS AFTER THE DATE OF SHIPMENT BUT WITHIN THE VALIDITY OF THE CREDIT

49 CONFIRMATION INSTRUCTIONS: WITHOUT

78 INFO TO PRESENTING BK THE AMOUNT OF EACH DRAWING MUST BE ENDORSED ON THE REVERSE OF THISCREDIT BY THE NEGOTIATING BANK. ON RECEIPT OF DOCUMENTS BY US IN TORONTO, CONFORMING TO THE TERMS OF THIS CREDIT, WE UNDERTAKE TO REIMBURSE YOU IN THE CURRENCY OF THIS CREDIT IN ACCORDANCE WITH YOUR INSTRUCTIONS. (PLS PROVIDE REIMBURSING BANK'S ABA NUMBER AND YOUR CHIPS UID NUMBER OR A / C No.). PAYMENT CABLE CHGS ARE FOR BENEF'S ACCOUNT AND WILL BE DEDUCTED FROM BILL PROCEEDS.

57D ADVISE THRU: THE INDUSTRIAL AND COMMERCIAL BANK OF CHINA
NANJING BRANCH CHINA
SWIFT: ICBKCNBJCZU

72 BK TO BK INFO: THIS DC CAN ONLY BE TRANSFERRED BY HSBC CHINA OR THE INDUSTRIAL AND COMMERCIAL BANK OF CHINA NANJING BR. CHINA THIS ADVICE CONSTITUTES A DOCUMENTARY CREDIT ISSUED BY THE ABOVE BANK AND SHOULD BE PRESENTED WITH THE DOCUMENTS/DRAFTS FOR NEGOTIATION/PAYMENT/

ACCEPTANCE, AS APPLICABLE. 258651-AUTO-000. 01-00

The Hongkong and Shanghai Banking Corporation Limited
香港上海汇丰银行有限公司

Shanghai Office: 34/F, HSBC Tower, 101 Yin Cheng East Road, Pudong, Shanghai. The People's Republic of China (Postal Code:200120)

上海分行：中国上海市浦东新区银城东路101号汇丰大厦34楼（邮政编码：200120）

Tel 电话：(021) 6841 1888　　Fax 传真：(021) 6841 1333

Telex 电传：33058 HSBCS CN　　SWIFT Address：HSBCCNSH

3．模拟训练内容

（1）审证与改证。收到信用证后，出口商应认真审核信用证的内容，尽快向客户提出修改意见，并提醒其到开证行办理改证。

（2）制单。根据修改后的信用证缮制下列单证。

1）汇票（补充资料：汇票号码为CKM45812）。

2）发票、提单。

补充资料：B/L No.: SOC 05791
Ocean Vessel Voy No.: CHONG QING V5528
Gross Weight: 1 120 kgs, Net Weight: 1 120 kgs
Measurement: 10CBM, Packed in 1 000 Hangers
Container Seal No.: QAX 67296/74921
No. of Original B（s）L: THREE

3）普惠制原产地证。

补充资料：申请单位注册号：45617368
证书号：3976547
申领人：李兰
电话：6575328
申领日期：2013. 8. 10

4）装箱单、受益人证明。

补充资料：STYLE：167C/168C，585A/169C

SIZE：6P，8P，10P，12P

每种型号尺寸都为125套

5）出口货物报关单。

补充资料：预录入编号：453217505

报关单号：DK0589271

H.S. 编码：61142000

任务 2　综合制单实训（二）

6.2.1　实训资料

根据如下合同缮制单据。注意，该批货物于 12 月 12 日被装上 LANJING V.0123 号轮，上海至南非的远洋航线大约 2 个月，货物所使用的纸箱每个重 0.2KGS，商品编码为 0810.1000。

CONTRACT OF STRAWBERRIES

No.: 20131201 YL

DATE: NOV.1, 2013

A. PARTIES CONCERNED IN THIS CONTRACT

THE SELLER: ZHANGJIAGANG HUIYUAN FOODS CO. LTD.

102-1 GREEN GARDEN ZHANGJIAGANG CHINA

THE BUYER: FRUIT INTERNATIONAL PRODUCE LTD.

2102 BRIGHT STREET, LEDBURY HRT 1J, SOUTH AFRICA.

THE SELLER CAN USE AN EXPORT AGENT FOR EXPORTING THE GOODS UNDER THIS CONTRACT

THIS CONTRACT IS MADE BY AND BETWEEN THE SELLER AND THE BUYER, WHERE THE BUYER AGREE TO BUY AND THE SELLER AGREE TO SELL THE STRAWBERRIES SUBJECT TO THE TERMS AND CONDITIONS STIPULATED AS BELOW:

B. GOODS UNDER THIS CONTRACT

IQF (INDIVIDUALLY QUICK FROZEN) CHINESE STRAWBERRIES

C. DESCRIPTION OF GOODS

ALL STRAWBERRIES ARE OF CHINESE ORIGIN, VARIETIES ARE AMERICAN 6, THE STRAWBERRIES TO BE RED INSIDE AND OUTSIDE, PACKED IN 8×2KGS PER CARTON WITH FOOD GRADE POLY-LINERS INSIDE, STRAWBERRIES ARE CLEANLY WASHED, CAREFULLY SORTED, WITHOUT MOLDED STRAWBERRIES, WITHOUT ROTTEN STRAWBERRIES, WITHOUT OVERRIPE STRAWBERRIES

D. PRICE OF THE STRAWBERRIES:

AT USD720/MT CFR CAPETOWN SOUTH AFRICA

E. QUANTITIES OF THE GOODS:

100MT

F. AMOUNTS OF THIS CONTRACT:

THE TOTAL AMOUNTS IS USD72 000.00 ONLY (SAY US DOLLARS SEVENTY TWO THOUSAND ONLY). 10% MORE OR LESS IN AMOUNTS IS ALLOWED.

G. SHIPMENT:

IN NOV.-DEC. SHIPMENT

H. STANDARD ANALYTICAL DATA OF STRAWBERRY:

COLOR: FINE REGULAR RED STRAWBERRIES COLOR

TASTE: TYPICAL OF THE STRAWBERRIES, WITHOUT ANY OFF-TASTE.

UNRIPE FRUITS: MAX 2% BY WEIGHT

BROKEN-DAMAGED SQUASHED AND MISSHAPEN FRUITS: MAX 5% BY WEIGHT

CLUMPS MORE THAN 2 FRUITS TOGETHER ARE NOT ALLOWED.

CLUMPS LESS THAN 3 FRUITS: UNDER 3% BY WEIGHT

CALYX MAXIMUM 2 PER 10 KILO-CARTONS.

LEAVES: MAXIMUM 2 PER 10 KILOS.

ICE CRYSTALS ARE NOT ALLOWED AT THE OUTSIDE OF THE IQF STRAWBERRIES.

I. PAYMENT TERMS:

D/P AT SIGHT

THE BUYER:	THE SELLER:
FRUIT INTERNATIONAL PRODUCE LTD.CO.LTD. SOUTH AFRICA.	ZHANGJIAGANG HUIYUAN FOODS
AUTHORIZED SIGNATURE MR. *ALFO MORELLI*	AUTHORIZED SIGNATURE MISS 王小三

6.2.2 实训要求

根据实训资料制作该业务项下的全套单据。

1．发票

缮制如图 6-7 所示的发票。

ZHANGJIAGANG HUIYUAN FOODS CO. LTD.

102-1 GREEN GARDEN ZHANGJIAGANG,JIANGSU,CHINA

COMMERCIAL　INVOICE

TO：FRUIT INTERNATIONAL PRODUCE LTD　　No.：自定
2102 BRIGHT STREET, LEDBURY HRT 1J ,　　DATE：开票日期
SOUTH AFRICA　　S/C No.：20131201YL

PAYMENT TERMS：D/P. AT SIGHT

FROM SHANGHAI TO CAPETOWN SOUTH AFRICA BY SEA

MARKS & No.S	DESCRIPTIONS OF GOODS	QUANTITY	UNIT PRIC	AMOUNT
自编	IQFSTRAWBERRIES	100MT	USD720.00/MT	USD72,000.00
TOTAL：		100MT	CFR　CAPETOWN	USD72,000.00

SAY　US　DOLLARS SEVENTY　TWO　THOUSAND　ONLY.

ZHANGJIAGANG　HUIYUAN　FOODS　CO.　LTD.
STAMP　&　SIGNATURE

图 6-7　发票

2．装箱单

缮制如图 6-8 所示的装箱单。

ZHANGJIAGANG HUIYUAN FOODS CO. LTD.

102-1 GREEN GARDEN ZHANGJIAGANG,JIANGSU,CHINA

PACKING LIST

TO：

FRUIT INTERNATIONAL PRODUCE LTD

2102 BRIGHT STREET, LEDBURY HRT 1J ,

SOUTH AFRICA

DATE：装箱单日期

INVOICE No.：SW-6012

S/C No.：20131201YL

PAYMENT TERMS： D/P AT SIGHT

SHIPPING MARKS：自定

FROM SHANGHAI TO CAPETOWN SOUTH AFRICA BY SEA

C/No.	No.S & KIND	ITEM	QUANTITY	G/W	N/W	MEAS OF PKGS
1-6250	6250CTNS	IQF CHINESE STRAWBERRIES	100MT	@16.2KGS	@16KGS	@$0.6 \times 0.5 \times 0.4M^3$
TOTAL：6250CTNS			100MT	101 250KGS	100 000KGS	750 M^3

TOTAL PKGS：SIX THOUSAND TWO HUNDRED AND FIFTY CARTONS ONLY

TOTAL QTY：100MT

TOTAL G/W：101 250KGS

TOTAL N/W：100 000KGS

TOTAL MEAS：$750M^3$

ZHANGJIAGANG HUIYUAN FOODS CO. LTD.

STAMP & SIGNATURE

图 6-8 装箱单

3．提单

缮制如图 6-9 所示的提单。

<table>
<tr><td colspan="3">Shipper
ZHANGJIAGANG HUIYUAN
FOODS CO. LTD.
102-1 GREEN GARDEN
ZHANGJIAGANG, CHINA</td><td colspan="2" rowspan="6">B/L No.

中 国 对 外 贸 易 运 输 总 公 司
CHINA NATIONAL FOREIGN TRADE TRANSPORTATION CORP.

直运或转船提单
BILL OF LOADING
DIRECT OR WITH TRANSHIPMENT
SHIPPED on board in apparent good order and condition (unless otherwise indicated) the goods or packages specified herein and to be discharged at the mentioned port of discharge or as near thereto as the vessel may safely get and be always afloat.
The weight, measure, marks and numbers, quality, contents and value. Being particulars furnished by the shipper, are not checked by the currier on loading.
The shipper, consignee and the holder of this bill of lading hereby expressly accept and agree to all printed, written or stamped provisions. Exceptions and conditions of this Bill of Lading, including those on the back hereof.
IM WITNESS whereof the number of original Bills if Lading stated below have been signed, one of which being accomplished, the other to be void.
SHANGHAI</td></tr>
<tr><td colspan="3">Consignee or order
TO ORDER OF SHIPPER</td></tr>
<tr><td colspan="3">Notify address
FRUIT INTERNATIONAL PRODUCE LTD.
2102 BRIGHT STREET, LEDBURY HRT 1J, SOUTH AFRICA</td></tr>
<tr><td colspan="2">Pre-carriage by</td><td>Place of receipt</td></tr>
<tr><td colspan="2">Vessel
LANJING
V.0123</td><td>Port of loading</td></tr>
<tr><td colspan="2">Port of discharges
CAPETOWN
SOUTH
AFRICA</td><td>Final destination</td></tr>
<tr><td colspan="2">Container seal No.
or marks and Nos.
FRUIT
CAPETOWN
No. 1-6250</td><td>Number and kind of packages
Description of goods
IQF CHINESE
STRAWBEERRIES
6250 CTNS</td><td>Gross weight(kgs.)

10 250</td><td>Measurement(m^3)

750</td></tr>
<tr><td colspan="3">REGARDING TRANSHIPMENT
INFORMATION PLEASE CONTACT</td><td colspan="2">Freight and charges
FREIGHT PREPAID</td></tr>
<tr><td rowspan="2">Ex.
rate</td><td>Prepaid at
SHANGHAI</td><td>Freight payable at</td><td colspan="2">Place and date of issue
SHANGHAI, 日期</td></tr>
<tr><td>Total prepaid</td><td>Number of original
Bs/L
THREE(3)</td><td colspan="2">Signed for or on behalf of the Master
as Agent
应有签名</td></tr>
</table>

(SINOTRANS STANDARD FORM4)

SUBJECT TO THE TERMS AND CONDITIONS ON BACK 95c No. 0123450

图 6-9 提单

4．原产地证

缮制如图 6-10 所示的原产地证。

<table>
<tr><td colspan="2">1.Exporter

ZHANGJIAGANG HUIYUAN FOODS CO. LTD.
102-1 GREEN GARDEN ZHANGJIAGANG, CHINA</td><td colspan="3" rowspan="2">Certificate No.

CERTIFICATE OF ORIGIN
OF
THE PEOPLE’S REPUBLIC OF
CHINA</td></tr>
<tr><td colspan="2">2.Consignee

FRUIT INTERNATIONAL PRODUCE LTD.
2102 BRIGHT STREET, LEDBURY HRT 1J, SOUTH AFRICA</td></tr>
<tr><td colspan="2">3.Means of transport and route

FROM SHANGHAI TO CAPETOWN SOUTH AFRICA BY SEA</td><td colspan="3" rowspan="2">5.For certifying authority use only</td></tr>
<tr><td colspan="2">4.Country/region of destination
SOUTH AFRICA</td></tr>
<tr><td>6.Marks and numbers

FRUIT
CAPETOWN
No. 1-6250</td><td>7.Number and kind of packages; description of goods

CTNS
IQF STRAWBERRIES
PACKEDIN6250
(SIXTHOUSANDTWO
HUNDREDAND FIFTY) CARTONS</td><td>8.H.S. code

0810.1000</td><td>9.Quantity

100MT</td><td>10.Number and date of invoices

发票号
发票号码</td></tr>
<tr><td colspan="2">11.Declaration by the exporter
The undersigned hereby declares that the above details and statements are correct; that all the goods were produced in china and that they comply with the rules of origin of the people’s republic of china.

ZHANGJIAGANGHUIYUANFOODSCO. LTD.
STAMP&SIGNATURE

ZHANGJIAGANG, CHINA，日期
……………………………………………………………
Place and date, signature and stamp of certifying authority</td><td colspan="3">12.Certification
It is hereby certified that the declaration by the exporter is correct.

ZHANGJIAGANG, CHINA，日期
……………………………………………………
Place and date, signature and stamp of certifying authority</td></tr>
</table>

图 6-10　原产地证

5. 装运通知

缮制如图 6-11 所示的装运通知。

ZHANGJIAGANG HUIYUAN FOODS CO. LTD.

102-1 GREEN GARDEN ZHANGJIAGANG,JIANGSU,CHINA

SHIPPING ADVICE

MESSERS: FRUIT INTERNATIONAL PRODUCE LTD. DATE: 迟于 L/C

2102 BRIGHT STREET, LEDBURY HRT 1J, S/C No.: 20131201YL

SOUTH AFRICA

DEAR SIRS:

RE: INVOICE No. FIT041120

WE HEARBY INFORM YOU THAT THE GOODS UNDER THE ABOVE MENTIONED CONTRACT HAVE BEEN SHIPPED. THE DETAILS OF THE SHIPMENT ARE AS FOLLOWS:

COMMODITY: IQF CHINESE STRAWBERRIES

QUANTITY: 100MT

TOTAL AMOUNT: USD 72,000

OCEAN VESSEL: LANJING V.0123

PORT OF LOADING: SHANGHAI, CHINA

PORT OF DESTINATION: CAPETOWN SOUTH AFRICA

DATE OF SHIPMENT: DEC. 12, 2013

WE HEARBY CETIFY THAT THE ABOVE IS TRUE AND CORRECT.

ZHANGJIAGANG HUIYUAN FOODS CO. LTD.

102-1 GREEN GARDEN ZHANGJIAGANG, CHINA

STAMP & SIGNATURE

图 6-11 装运通知

6．汇票

缮制如图 6-12 所示的汇票。

凭

Drawn under CONTRACT No. 20131201YL AGAINST SHIPMENT OF 100MT OF IQF CHINESE STRAWBERRIES FOR COLLECTION

信用证 第 号

L/C No. *****

日期

Dated *****

按 息 付款

Payable with interest @.....................% per annum

号码 汇票金额 中国南京 年 月 日

No: FIT041120...Exchange for USD 72000 1 Nan Jing , China DEC.20, 2013

见票 日后（本汇票之副本未付）

At... * * * ...Sight of this FIRST of Exchange (Second of exchange being unpaid)

pay to the order of **BANK OF CHINA, NANJING BRANCH** 或其指定人

付金额

The sum of US DOLLARS SEVENTY TWO THOUSAND ONLY

To FRUIT INTERNATIONAL PRODUCE LTD.

2102 BRIGHT STREET, LEDBURY HRT 1J, SOUTH AFRICA

ZHANGJIAGANG HUIYUAN FOODS CO. LTD.

STAMP & SIGNATURE

图 6-12 汇票

操作实训 6-2　单证操作模拟实训练习

实训目的：熟悉出口货物各种单证的填制规范。

实训要求：根据信用证与售货确认书缮制下列单证。

1. 国际货运委托书
2. 出境货物报检单
3. 出口货物报关单
4. 汇票
5. 发票
6. 提单
7. 装箱单
8. 一般原产地证

资料 1：信用证

APPLICATION HEADER　O 700 1417 970214FKBKJPJTAXXX 1343 337998 97021 1317

*NATIONAL WESTMINSTER BANK

*NEW YORK

SEQUENCE OF TOTAL	*27: 1 /2
FORM OF DOC. CREDIT	*40 A : IRREVOCABLE
DOC. CREDIT NUMBER	*20: X150374
DATE OF ISSUE	31 C : 20130418
EXPIRY	*31 D : DATE 20130721 PLACE BENEFICIARY'S COUNTRY
APPLICANT BANK	51: /　　/
APPLICANT	*50: J.L.COLEBROOK (DIVISION OF G-III APPAREL GROUP LIMITED) 345 WEST 37TH STREET, NEW YORK, N.Y.10018U.S.A.
BENEFICIARY	*59: JIANGSU EASTAR IMPORT AND EXPORT CORPORATION40 MOCHOU ROAD, NANJING, CHINA
AMOUNT	*32 B : CURRENCY USD AMOUNT 247677.00
AVAILABLE WITH/BY	*41 D : ANY BANKBY NEGOTIATION
DRAFTS AT ...	42 C : DRAFT AT 60 DAYS AFTER SIGHT FOR FULL INVOICE COST
DRAWEE	42 A : //

* NATIONAL WESTMINSTER BANK

* NEW YORK

PARTIAL SHIPMENTS 43 P : ALLOWED

TRANSSHIPMENT 43 T : NOT ALLOWED

LOADING IN CHARGE 44 A : CHINA

FOR TRANSPORT TO ... 44 B :NEW YORK

LATEST DATE OF SHIP. 44 C : 20130630

SHIPMENT PERIOD 44:

DESCRIPT. OF GOODS 45 A :

TRADE TERM CFR NEW YORK

MENS NYLON DOWN JACKETS HS No.6201.9310

JHD-001 J7612NY 1 800PCS USD21.68 USD39024.00SHIPPED DURING APR 2013

JHD-003 J7514NY 5 600PCS USD19.38 USD108528.00 SHIPPED DURING MAY 2013

JHD-004 J7612NY 4 500PCS USD22.25 USD100125.00 SHIPPED DURING JUN 2013

DOCUMENTS REQUIRED 46 A :

1. COMMERCIAL INVOICE IN 1 ORIGINAL AND 5 COPIES INDICATING BREAKDOWN OF COST AND FREIGHT

2. ON BOARD MARINE BILL OF LADING (FULL SET REQUIRED IF MORE THAN ONE ORIGINAL HAS BEEN ISSUED) TO THE ORDER OF NATIONAL WESTMINSTER BANK NOTIFY J.L.COLEBROOK (DIVISION OF G-III APPAREL GROUP LIMITED) MARKED FREIGHT PREPAID AND MUST BE DATED NOT LATER THAN 30 JUN 2013

3. PACKING LIST INDICATING COLOUR AND QUANTITY IN 1 ORIGINAL AND 3 COPIES

4. ORIGINAL SINGLE/MULTIPLE COUNTRY OF ORIGIN DECLARATION AND 3 COPIES

5. CERTIFICATE OF ORIGIN ISSUED BY CCPIT IN 1 ORIGINAL AND 2 COPIES

TRAILER: ORDER IS <MAC:> <PAC:> <ENC:> <CHK:> <TNG:> <PDE:>

APPLICATION HEADER O 700 1417 970214FKBKJPJTAXXX 1343 337998 97021 1317

*NATIONAL WESTMINSTER BANK

*NEW YORK

SEQUENCE OF TOTAL *27: 2 / 2

FORM OF DOC. CREDIT *40 A : IRREVOCABLE

DOC. CREDIT NUMBER *20: X150374

DETAILS OF CHARGES　　71 B : ALL BANKING CHARGES OUTSIDE U.S.A.ARE FOR ACCOUNT OF THE APPLICANT

PRESENTATION PERIOD　　48: DOCUMENTS TO BE PRESENTED WITHIN 10 DAYS AFTER THE DATE OF SHIPMENT BUT WITHIN THE VALIDITY OF THE CREDIT

CONFIRMATION　　*49: WITHOUT

REIMBURSING BANK　　53: /CITIUS 33/
*CITIBANK N.A.
*NEW YORK, NY

INSTRUCTIONS　　78:

+ REIMBURSEMENT IS SUBJECT TO ICC URR525.

+ USANCE DRAFT DRAWN UNDER THIS LETTER OF CREDIT SHOULD BE NEGOTIATED ON SIGHT BASIS. ACCEPTANCE COMMISSION AND DISCOUNT CHARGES ARE FOR THE APPLICANT'S ACCOUNT PROVIDED THAT THE TERMS AND CONDITIONS OF THIS CREDIT ARE COMPLIED WITH.

+ PLEASE REIMBURSE YOURSELVES FROM ABOVE REIMBURSING BANK.

+ DRAFT AND DOCUMENTS SHOULD BE SENT IN ONE LOT BY COURIER TO OUR NEW YORK OFFICE.

SEND. TO REC. INFO.　　72: /SUBJECT TO U.C.P.1993 ICC PUBLICATION 500.

ADDITIONAL COND　　*47B

1. TRANSPORT DOCUMENTS WHICH BEAR A CLAUSE ON FACE THEREOF SUCH AS “SHIPPER'S LOAD AND COUNT” OR “SAID BY SHIPPER TO CONTAIN” OR WORDS OF SIMILAR EFFECT ARE NOT ACCEPTABLE.

2. UCP 500 ARTICLE 23(D) I NOT APPLICABLE.

TRAILER: ORDER IS <MAC:> <PAC:> <ENC:> <CHK:> <TNG:> <PDE:>

资料 2：销售确认书

SALES CONFIRMATION

卖方	Jiangsu Easter Import and Export Corporation	No.:	04DGU208
Seller:	40 Mochou Road	DATE:	April 1,2013
	Nanjing China		
买方	J.L.Colebrook(Division of G-X Apparel Group Limited)		
Buyer:	345 West 37th Street , New York		
	N.Y.10018 U.S.A.		

经买卖双方同意成交下列商品，订立条款如下：

This contract is made by and agreed between the BUYER and SELLER, in accordance with the terms and conditions stipulated below.

唛头 Marks and Numbers	名称及规格 Description of goods	数量 Quantity	单价 Unit Price	金额 Amount
	MENS NELON DOWN JACKETS HS No.6201.9310	11 900PCS	CFR NEW YORK	USD247677.00
	JHK-001 J7612NY SHIPPED DURING APR 2013	1 800PCS	USD21.68	USD39 024.00
	JHK-003 J7514NY SHIPPED DURING MAY 2013	5 600 PCS	USD19.38	USD108 528.00
	JHK-004 J7612NY SHIPPED DURING JUN 2013	4 500 PCS	USD22.25	USD100 125.00

总值 TOTAL: USD247 677.00

Insurance （保险）:

CFR to be effected by buyer

Payment（付款方式）:

By 100% irrevocable L/C available by 60 days sight draft ,reaching the sellers 10 days before the month of shipment, remaining valid for negotiation in china for further 10 days after the prescribed time of shipment, transshipment not allowed & partial shipments allowed

SHIPMENT: Before 20130630

PORT OF LOADING: CHINA

DESTINATION: New York

续

Force Majeure（人力不可抗拒）：

如因人力不可抗拒的原因造成本合同全部或部分不能履约，卖方概不负责，但卖方应将上述发生的情况及时通知买方。

The sellers shall not hold any responsibility for partial or total non-performance of this contract due to Force Majeure. But the sellers advise the buyers on time of such occurrence.

Disputes settlement（争议解决方式）：

凡因执行本合约或有关本合约所发生的一切争执，双方应协商解决。如果协商不能得到解决，应提交仲裁。仲裁地点在被告方所在国内，或者在双方同意的第三国。仲裁裁决是终局的，对双方都有约束力，仲裁费用由败诉方承担。

All disputes in connection with this contract of the execution thereof shall be amicably settled through negotiation. In case no amicable settlement can be reached between the two parties, the case under dispute shall be submitted to arbitration, which shall be held in the country where the defendant resides, or in third country agreed by both parties. The decision of the arbitration shall be accepted as final and binding upon both parties. The Arbitration Fees shall be borne by the losing party.

Law application（法律适用）：

本合同之签订地，或发生争议时货物所在地在中华人民共和国境内或被诉人为中国法人的，适用中华人民共和国法律，除此规定外，适用《联合国国际货物销售公约》。

It will be governed by the law of the People's Republic of China under the circumstances that the contract is signed or the goods while the disputes arising are in the People's Republic of China or the defendant is Chinese legal person, otherwise it is governed by *Untied Nations Convention on Contract for the International Sale of Goods.*

The Buyer	The Seller
苏进	**David King**

能力考核表

专业能力实训成绩考核表

<table>
<tr><th>专业能力</th><th colspan="2">评 估 标 准</th><th>分 项 成 绩</th></tr>
<tr><td>1．熟悉外贸单证业务</td><td colspan="2">熟悉外贸单证的种类、格式、内容</td><td>30</td></tr>
<tr><td rowspan="2">2．理解外贸单证的工作要求</td><td colspan="2">（1）能够掌握制单的基本方法</td><td>20</td></tr>
<tr><td colspan="2">（2）能够熟练制作各种外贸单证</td><td>30</td></tr>
<tr><td>3．掌握综合运用知识的能力</td><td colspan="2">能够综合运用知识，较好地处理单证业务</td><td>20</td></tr>
<tr><td colspan="3">总成绩Σ100</td><td></td></tr>
<tr><td>教师评语</td><td colspan="3">签名：
年　　月　　日</td></tr>
<tr><td>学生意见</td><td colspan="3">签名：
年　　月　　日</td></tr>
</table>

参考文献

[1] 许晓东．国际贸易单证[M]．武汉：武汉理工大学出版社，2013．
[2] 屈韬，何秉毅．外贸单证实务[M]．上海：上海财经大学出版社，2011．
[3] 吕时礼．外贸单证实务[M]．北京：高等教育出版社，2010．
[4] 姚大伟，鲁丹萍．国际商务单证实务[M]．北京：清华大学出版社，2009．
[5] 许博．国际商务单证实务[M]．北京：机械工业出版社，2013．
[6] 顾民．UCP600 制单兑用实务手册[M]．北京：对外经济贸易大学出版社，2008．
[7] 王腾．彻底搞懂信用证[M]．北京：中国海关出版社，2011．
[8] 何源．跟单信用证一本通[M]．北京：中国海关出版社，2012．
[9] 翁旭青．出口贸易中采用电汇结算方式的比较优势及问题探析[J]．商业经济，2012（19）．
[10] 王燕萍．外贸单证实务[M]．北京：冶金工业出版社，2008．
[11] 李毅．外贸单证实务[M]．成都：西南财经大学出版社，2010．
[12] 全国国际商务单证专业培训考试办公室．国际商务单证理论与实务[M]．北京：中国商务出版社，2013．
[13] 余世明．国际商务单证实务练习题及分析解答[M]．广州：暨南大学出版社，2009．
[14] 海关总署报关员资格考试教材编写委员会．报关员资格全国统一考试教材[M]．北京：中国海关出版社，2013．
[15] 国家质检总局报检员资格考试委员会．报检员资格全国统一考试教材[M]．北京：中国标准出版社，2013．
[16] 赖红清．国际贸易实务操作教程[M]．武汉：华中科技大学出版社，2013．
[17] 李秀华．国际贸易实务实训与练习[M]．北京：对外经济贸易大学出版社，2006．

[18] 李金林．国际贸易业务操作与训练[M]．北京：北京大学出版社，2011．
[19] 王健，姜宏．国际贸易实务实训模拟教程[M]．北京：对外经济贸易大学出版社，2012．
[20] 李秀英．国际贸易实务操作教程[M]．北京：科学出版社，2011．
[21] 马慧敏．国际贸易实务[M]．上海：立信会计出版社，2012．